Abrazando el Propósito Divino

Descubriendo el propósito

Un viaje de fe y humanidad, guiado por la luz divina en el camino correcto

I0459113

CEULEMANS BRAGA

«En él, digo, también fuimos hechos herederos, para predestinarnos según el propósito de aquel que hace todas las cosas según el consejo de su voluntad».
— Efesios 1:11

Página de derechos de autor

Primera edición: 2025

ISBN:

Oficina editorial: Sitio web: Correo electrónico:

Índice

CAPÍTULO 1: RAÍCES SAGRADAS

«En él, digo, también fuimos hechos herederos, para predestinarnos según el propósito de aquel que hace todas las cosas según el consejo de su voluntad». — Efesios 1:11 (Colosenses 2:6-7)

Las semillas de la fe

En una humilde familia de Brasil, donde los sueños parecían lejanos y las oportunidades escasas, nació un niño que llevaría dentro de sí algo extraordinario. No había signos externos de grandeza, ni riqueza, ni posición social privilegiada, ni educación formal avanzada. Pero había algo mucho más poderoso: la herencia espiritual transmitida a través de generaciones de fe.

La abuela de Ceulemans Braga era una mujer de oración, de esas que conocen los secretos del reino espiritual. Sus manos callosas por el trabajo duro eran las mismas que se levantaban en intercesión todas las mañanas. Ella no sabía que estaba plantando semillas proféticas en el corazón de su nieto, semillas que florecerían años más tarde en tierra extranjera.

«Cuando necesites algo», solía decirle al joven Ceulemans, «si estás en peligro, clama a Jesús. Porque Él siempre escucha nuestra petición». Esas palabras, aparentemente sencillas, tenían el peso de una revelación divina. La abuela no solo estaba enseñando una oración, sino que estaba profetizando sobre el destino espiritual de su nieto.

La poderosa mezcla

Dentro del joven Ceulemans se estaba formando una mezcla singular: fe, sueño y conquista. Era una combinación poderosa que lo diferenciaba de los demás jóvenes de su edad. Mientras otros se contentaban con las circunstancias presentes, él llevaba consigo una inquietud santa, una sensación de que había algo más grande esperándolo.

Esa mezcla no era obra del azar. Era el resultado de palabras sembradas con propósito divino, palabras que generaron destinos. La abuela, sin comprenderlo del todo, estaba siendo utilizada por Dios para preparar un instrumento que serviría a muchas personas en el futuro.

La familia podía ser humilde en recursos materiales, pero era rica en fe y determinación. El joven aprendió desde temprana edad que la verdadera riqueza no se mide en posesiones, sino en la capacidad de soñar, luchar y vencer. Más importante aún, aprendió que había una fuerza superior guiando cada paso, cada decisión, cada momento de su vida.

La diferencia divina

En un mundo en pleno siglo XXI, donde la tecnología avanza cada vez más, una pregunta resuena en el corazón humano: «¿En quién podemos confiar?». Para Ceulemans, esa respuesta se construyó desde la infancia a través del ejemplo de una abuela que confiaba plenamente en el Dios vivo.

La palabra «confianza» tiene un poder de transformación que puede ser positivo o negativo, dependiendo de dónde se deposite. La abuela de Ceulemans le enseñó a depositar esa confianza en el lugar adecuado: en las promesas de Dios, en la fidelidad divina, en el amor incondicional del Creador.

Independientemente del lugar en el que se encontrara, Ceulemans era diferente. No por arrogancia o superioridad, sino por llevar dentro de sí la convicción inquebrantable de que Dios tenía un plan específico para su vida. Esa convicción fue el combustible que lo impulsaría más allá de las fronteras de su tierra natal.

Las promesas que sostienen

Las promesas que la abuela pronunciaba no eran solo palabras de consuelo, sino decretos proféticos que se cumplirían en el momento oportuno. Cuando decía que Dios tenía algo especial para su nieto, estaba declarando una verdad espiritual que se manifestaría de formas que ni siquiera ella podía imaginar.

Esas promesas se convirtieron en anclas en la vida de Ceulemans. En los momentos de duda, cuando el camino parecía incierto, podía volver a las palabras de su abuela y encontrar la fuerza para continuar. Era como si cada promesa fuera una llave que abriría puertas en el futuro.

El poder de las palabras proféticas es extraordinario. No solo predicen el futuro, sino que lo moldean. Cuando una persona de fe declara bendiciones sobre la vida de alguien, esas palabras cobran vida propia y trabajan para cumplirse a través de las circunstancias de la vida.

La preparación invisible

Sin darse cuenta, Ceulemans estaba siendo preparado para un ministerio que trascendería las fronteras geográficas y culturales. Cada experiencia de su juventud, cada palabra de fe recibida, cada momento de oración presenciado en la casa de su abuela, todo ello formaba parte de un plan divino que le capacitaría para lo que estaba por venir.

La preparación de Dios rara vez es obvia en el momento en que ocurre. A menudo, solo mirando hacia atrás podemos ver cómo cada pieza encajaba perfectamente en el rompecabezas divino. La humildad de la familia, la fe de la abuela, las dificultades económicas, los sueños que parecían imposibles: todo ello formaba parte de un plan mayor.

Dios estaba moldeando un vaso que se utilizaría para llevar esperanza, sanación y dirección divina a personas de diferentes culturas e idiomas. Brasil era solo el lugar de formación; el mundo sería su campo de acción.

El fundamento eterno

Las raíces sagradas plantadas en la infancia de Ceulemans no eran solo influencia familiar, sino fundamentos eternos que sostendrían todo su viaje espiritual. La fe no era heredada, sino cultivada; la confianza no se basaba en circunstancias, sino en promesas divinas; el propósito no era inventado, sino revelado.

Cuando llegara el momento de dejar su tierra natal, Ceulemans no partiría como un aventurero en busca de fortuna. Partiría como un hombre con un destino, llevando dentro de sí las semillas de un ministerio que transformaría vidas. Las raíces sagradas que lo sostenían garantizarían que, sin importar lo lejos que fuera, nunca perdería su identidad espiritual.

Esas raíces también le servirían como fuente de sabiduría y discernimiento espiritual. En los momentos en que Dios le hablara al corazón, reconocería la voz porque había sido entrenado desde niño para escucharla. Cuando necesitara ministrar a otros, tendría un profundo pozo de fe y experiencia espiritual del que extraer.

La herencia que trasciende generaciones

La abuela de Ceulemans puede que no dejara bienes materiales significativos, pero dejó algo infinitamente más valioso: una herencia espiritual que se multiplicaría a través de las generaciones. Sus oraciones y palabras proféticas no solo transformaron la vida de su nieto, sino que a través de él llegarían a miles de personas más.

Esa es la belleza de la siembra espiritual: nunca deja de producir frutos. Las palabras de fe pronunciadas sobre un niño pueden generar transformaciones que atraviesan océanos e impactan en diferentes culturas. La inversión espiritual de la abuela en su nieto se convertiría en una inversión en el reino de Dios a escala global.

Así, las raíces sagradas plantadas en suelo brasileño se prepararían para nutrir un árbol que daría frutos en tierra americana, demostrando que el propósito de Dios no conoce fronteras y que Su fidelidad alcanza a todas las generaciones que confían en Sus promesas.

«Estas son las palabras que generan y transforman destinos».

CAPÍTULO 2: COMIENZA EL VIAJE

«El propósito es mayor que el llamado» (Isaías 41:10)

La decisión

Diciembre de 2002. El sofocante calor del verano brasileño contrastaba con la fría decisión que Ceulemans había tomado. A los 21 años, estaba a punto de dejarlo todo atrás y partir hacia un país desconocido, donde no conocía a nadie y no hablaba el idioma.

Su abuela le tomó las manos con una fuerza inusual. «Recuerda lo que siempre te he dicho», le dijo con voz temblorosa. «Cuando necesites algo, si estás en peligro, clama a Jesús. Él siempre escucha nuestras súplicas».

Ceulemans asintió, sintiendo el peso de aquellas palabras. No eran solo consejos, eran instrucciones para la supervivencia espiritual.

Navidad blanca

25 de diciembre de 2002. Un día que debería haber sido de celebración familiar se convirtió en el día de su partida. Con solo 21 años y una maleta llena más de fe que de pertenencias, Ceulemans embarcó hacia Estados Unidos.

Cuando el avión aterrizó y salió del aeropuerto, el impacto fue inmediato: nieve. Mucha nieve. Un lugar blanco, puro, cubierto por un manto helado.

«Parecía que estaba soñando», recuerda. «Igual que las películas que veía en la televisión. Un lugar maravilloso».

Pero la maravilla inicial pronto dio paso a la dura realidad. Boston, Massachusetts: llena de oportunidades, pero también de enormes retos para un joven brasileño que apenas podía pedir agua en inglés.

Los primeros pasos

Las primeras semanas fueron una mezcla de asombro y desesperación. Sin red de apoyo, sin dominio del idioma, sin referencias. Solo la fe que su abuela había cultivado en él.

«Empecé a trabajar», recuerda. «Aceptaba cualquier trabajo que se me presentara».

Fueron meses de trabajo duro, ahorrando cada dólar. Mientras otros jóvenes salían a divertirse, Ceulemans trabajaba turnos dobles, con la visión de algo más grande en mente.

El primer coche

Después de meses ahorrando dinero, Ceulemans finalmente compró su primer coche: un Toyota de 1994 con 120 000 millas, que le costó 3500 dólares.

«Mi primer coche», sonrió con orgullo. «Y yo muy feliz con el coche».

Era un símbolo de progreso, la prueba de que el sueño no era imposible. Emocionado, decidió probar su nueva adquisición. «Decidí dar una vuelta por Boston».

Era la época en que los GPS Garmin se estaban popularizando. Ceulemans compró uno y lo instaló en el coche, sintiéndose preparado para explorar su nueva ciudad.

Perdido

Lo que comenzó como un paseo alegre se convirtió rápidamente en una prueba. «Llené el depósito y me fui muy lejos», cuenta.

Las carreteras estadounidenses eran diferentes: anchas, rápidas, con señales en inglés que apenas podía descifrar. El GPS parecía confundirlo más que ayudarlo.

«Estuve dos horas perdido sin saber adónde ir. Sin hablar inglés».

El sol comenzaba a ponerse. El depósito se vaciaba. Ceulemans, que había salido de Brasil con tanta confianza, ahora se encontraba completamente perdido.

«Empecé a desesperarme», admite.

El encuentro divino

Incapaz de continuar, Ceulemans detuvo el coche al borde de la carretera. Le temblaban las manos al volante. El silencio era ensordecedor.

«Detuve el coche y empecé a hablar con Dios».

No fue una oración formal. Fue el grito desesperado de un joven perdido, clamando al Dios que su abuela siempre le había dicho que estaba presente.

Y entonces sucedió.

«Su voz comenzó a susurrar en mi corazón».

No era audible, pero era inconfundible: el Espíritu Santo que su abuela le había enseñado a reconocer.
«Empecé a hablar con Él sobre qué hacer». No era un monólogo de súplicas, sino un diálogo real.

Los recuerdos fluyeron. «Empecé a recordar a mi abuela, que siempre me decía que cuando necesitara algo, si estaba en peligro, clamara a Jesús. Porque Él siempre escucha nuestras súplicas».

Esas palabras ahora resonaban con un nuevo poder. «Recordé el origen de la palabra liberada»: las promesas proféticas que su abuela había dicho sobre su vida.

La orientación

Lo que sucedió fue sutil, pero inequívoco. Claridad mental donde antes había confusión. Paz donde antes había pánico. Dirección donde antes había desorientación.

Ceulemans sintió impresiones claras sobre qué dirección tomar. No fue el GPS lo que lo guió a casa, sino la suave voz del Espíritu Santo.

Arrancó el coche, esta vez con manos firmes y corazón tranquilo. Siguió sus impresiones internas, girando cuando sentía que debía girar. Y poco a poco, milagrosamente, las carreteras empezaron a parecerle familiares.

Cuando llegó a casa, ya era de noche. Había salido a dar un paseo casual y regresaba de un viaje espiritual transformador.

Lecciones de la carretera

Esa experiencia le enseñó lecciones fundamentales:

La vulnerabilidad crea espacio para lo divino. Fue cuando dejó de intentar resolverlo todo por sí mismo cuando pudo escuchar a Dios con claridad.

Las palabras proféticas se activan en momentos de necesidad. La sabiduría de su abuela era una preparación profética.

La orientación divina es real y está disponible para las situaciones cotidianas. Dios se preocupaba por un joven perdido en Boston.

Comprender el propósito

En los días siguientes, Ceulemans comenzó a comprender algo profundo. Estar perdido y ser guiado no se trataba solo de encontrar el camino a casa, sino de aprender a confiar en la guía divina para toda la vida.

«Me llevó tiempo comprender el origen, que el propósito es más grande que el llamado».

El llamado había sido venir a Estados Unidos. Pero el propósito era aprender a vivir en constante comunicación con el Espíritu Santo, desarrollando una sensibilidad espiritual que eventualmente le permitiría ayudar a otros cuando estuvieran perdidos.

Cada desafío —el idioma, la cultura, la soledad, las finanzas— no eran obstáculos, sino preparación. Dios estaba utilizando la inmigración para moldearlo, para enseñarle a depender de la guía divina.

Suelo sagrado americano

Brasil había sido donde se plantaron las semillas. América se estaba convirtiendo en el suelo donde germinarían.

«Con solo 21 años de edad en una tierra bendecida por Dios». Ya no era solo el suelo brasileño el que era sagrado: cualquier lugar donde Dios se manifestara se convertía en suelo sagrado.

Ese Toyota al borde de la carretera se había convertido en un altar temporal, un lugar de encuentro divino tan sagrado como cualquier iglesia. Allí fue donde un joven inmigrante aprendió: Dios no se limita a los lugares sagrados designados. Encuentra a sus hijos dondequiera que estén.

El comienzo

Mirando hacia atrás, Ceulemans veía cómo aquel día perdido en Boston fue cuando realmente encontró su camino. No solo de vuelta a casa, sino hacia su destino espiritual.

«En este viaje de la vida, nos damos cuenta de que no somos el centro de atención». El viaje nunca se trató del éxito personal. Se trataba de convertirse en un instrumento a través del cual Dios pudiera manifestar Su amor a los demás.

Cada persona a la que eventualmente ayudaría se beneficiaría de las lecciones aprendidas aquella fría tarde en Boston: perdido pero encontrado, desesperado pero consolado, confundido pero guiado.

El viaje había comenzado. Y el propósito siempre fue mayor que el llamado.

«Dios me recordó los orígenes y las promesas».

CAPÍTULO 3: LA SEÑORA DEL SUPERMERCADO

«Pon el pie donde Dios pone el camino. No estás solo» (2 Corintios 5:7).

El susurro divino

Era una tarde cualquiera, como tantas otras, cuando Ceulemans decidió hacer una pequeña compra en el supermercado local. No había nada especial en ese día, solo la necesidad rutinaria de comprar algunos artículos para la casa. Pero Dios tenía otros planes para esa visita aparentemente común.

En el momento en que atravesó las puertas automáticas del establecimiento, ocurrió algo extraordinario. Una voz comenzó a hablar en su interior, no una voz audible, sino ese susurro característico del Espíritu Santo que había aprendido a reconocer desde niño. Era la misma voz que lo había guiado cuando se perdió en Boston con su primer coche, la misma presencia que siempre se manifestaba en los momentos en que Dios quería utilizarlo para tocar la vida de alguien.

La voz no hablaba con palabras específicas, sino con impresiones claras e instrucciones inequívocas. Era como si el Espíritu Santo lo estuviera preparando para algo que estaba a punto de suceder, alertando sus sentidos espirituales a una oportunidad divina que se presentaría.

El primer encuentro

Justo a la entrada del supermercado, sus ojos se dirigieron hacia una señora de aproximadamente 61 años. No fue una coincidencia
: Ceulemans ya había aprendido que cuando Dios llama nuestra atención hacia alguien, siempre hay una razón específica. El Espíritu Santo le había dicho a su corazón que algo importante estaba a punto de suceder, y esa mujer era parte del plan divino.

La señora caminaba lentamente por los pasillos, con la postura de alguien que llevaba más que un simple carrito de la compra. Había algo en sus ojos, una mezcla de dignidad y preocupación, que conmovió profundamente el corazón de Ceulemans. La observó discretamente mientras hacía sus propias compras, sintiendo crecer en su interior la certeza de que Dios estaba orquestando ese encuentro.

Durante todo el tiempo que recorrió los pasillos del supermercado, Ceulemans permaneció atento a los susurros del Espíritu Santo. Era como si estuviera en una conversación constante con Dios, preguntando: «Señor, ¿qué quieres mostrarme?». Esa era su oración habitual en los momentos en que sentía la presencia divina moviéndose a su alrededor.

La revelación en la caja

El momento culminante llegó cuando Ceulemans terminó sus compras y se dirigió a la caja para pagar. ¿Y quién estaba en la fila delante de él? La misma señora que Dios le había señalado a la entrada del supermercado. No era una coincidencia, era una confirmación divina de que algo importante estaba a punto de suceder.

Mientras observaba cómo se desarrollaba la escena, Ceulemans vio cómo la expresión de la mujer cambiaba gradualmente de esperanza a vergüenza y luego a resignación. Cuando llegó su turno de pagar, el valor total de sus compras superaba el dinero que tenía disponible. La realidad era dolorosa: no tenía recursos suficientes para llevarse todo lo que había puesto en el carrito.

Con la dignidad de quien ya había enfrentado muchas dificultades en la vida, la señora comenzó a separar los artículos, decidiendo cuáles eran esenciales y cuáles tendría que dejar atrás. Era un momento desgarrador para cualquier observador sensible, pero para Ceulemans era mucho más que eso: era el momento que Dios había orquestado para demostrar Su amor y provisión.

La voz que no calla

En ese momento crucial, la misma voz que le había susurrado al comienzo de su visita al supermercado volvió a hablar, esta vez con más urgencia: «¿No vas a hacer nada?». La pregunta resonó en su corazón como un desafío divino, una invitación a ser las manos y los pies de Dios en esa situación.

Ceulemans había aprendido hacía mucho tiempo a no dudar cuando el Espíritu Santo le guiaba hacia una acción específica. Sin pensarlo dos veces, se acercó a la cajera y le dijo con sencillez: «Puede meterlo en la bolsa para que se lo lleve». Eran palabras sencillas, pero cargadas de amor divino y compasión genuina.

La reacción fue inmediata y emocionante. La señora, que hasta entonces luchaba por mantener la compostura, se sintió profundamente conmovida. Sus palabras fueron una oración espontánea: «¡Gracias, Dios mío, muchas gracias!». Había reconocido al instante que aquello no era solo bondad humana, sino una intervención divina en su momento de necesidad.

El reconocimiento de lo sagrado

La cajera, que había presenciado toda la escena, también se sintió profundamente conmovida por lo que acababa de presenciar. Con lágrimas en los ojos, miró a Ceulemans y declaró: «Usted es un ángel del Señor. El mundo necesita personas como usted».

Esas palabras penetraron profundamente en el corazón de Ceulemans, pero no como un elogio personal. Por el contrario, sirvieron como confirmación de que Dios estaba usando su vida para manifestar Su amor de maneras prácticas y tangibles. Su corazón y su mente respondieron inmediatamente: «La gloria es de Dios».

Fue un momento de reconocimiento mutuo de lo sagrado manifestándose en lo cotidiano. La empleada había identificado correctamente la fuente de esa acción: no era bondad humana común, sino amor divino fluyendo a través de un corazón obediente a la voz de Dios.

La presencia palpable

Lo que sucedió a continuación fue extraordinario. La gloria de Dios se hizo palpable en el ambiente. Era como si el cielo hubiera descendido al supermercado, transformando ese espacio comercial común en suelo sagrado. Ceulemans podía sentir físicamente la presencia divina envolviendo toda la situación.

Este fenómeno no era nuevo para él. Había aprendido que cuando actuamos en obediencia a la dirección divina, especialmente en momentos de ministerio práctico, la presencia de Dios se manifiesta de manera especial. Era la confirmación de que había sido utilizado como instrumento en las manos del Altísimo.

La plenitud de Dios estaba en su corazón, una sensación de plenitud y propósito que solo viene cuando estamos alineados con la voluntad divina. No era orgullo personal, sino la profunda satisfacción de saber que había sido obediente al llamado de Dios para ese momento específico.

Lecciones del supermercado

Esa experiencia en el supermercado le enseñó varias lecciones fundamentales sobre cómo Dios obra en la vida cotidiana:

Primera lección: Dios utiliza momentos ordinarios para manifestaciones extraordinarias de Su amor. Una simple visita al supermercado se convirtió en una oportunidad para demostrar la provisión divina.

Segunda lección: La sensibilidad espiritual es crucial para reconocer las oportunidades que Dios pone en nuestro camino. Si Ceulemans no hubiera aprendido a escuchar la voz del Espíritu Santo, habría perdido por completo la oportunidad de ser utilizado por Dios.

Tercera lección: La obediencia inmediata a la dirección divina es esencial. No hay lugar para la vacilación o la racionalización cuando Dios nos llama a actuar en favor de alguien que lo necesita.

Cuarta lección: Cuando actuamos como instrumentos de Dios, Él recibe toda la gloria, y todos los involucrados reconocen que ha sucedido algo sobrenatural.

El impacto multiplicado

Lo que sucedió en ese supermercado no terminó con el pago de las compras. El impacto de ese acto de obediencia se multiplicó de varias maneras:

Para la señora beneficiada, fue una demostración tangible de que Dios conoce sus necesidades y tiene personas dispuestas a ser Sus manos extendidas. Su fe se fortaleció y su esperanza se renovó.

Para la cajera, fue un poderoso testimonio de que todavía hay personas guiadas por principios divinos, dispuestas a sacrificarse por el bien de desconocidos. Su perspectiva sobre la bondad humana y la realidad de Dios se vio impactada.

Para Ceulemans, fue una confirmación más de su llamado como instrumento en las manos de Dios, preparándolo para ministerios aún más grandes que vendrían en su camino espiritual.

La continuidad del ministerio

Al salir del supermercado con el corazón rebosante de la presencia de Dios, Ceulemans estaba listo para la próxima oportunidad de ministerio que el Señor le preparara. Había aprendido que cuando somos obedientes en una situación, Dios a menudo nos presenta la siguiente oportunidad casi de inmediato.

Y eso fue exactamente lo que sucedió. Aún en el estacionamiento del supermercado, sus ojos se dirigieron a un joven de aproximadamente 17 años que recogía carritos de compras, una escena que lo transportó instantáneamente a sus propias experiencias de juventud y humildad.

Una vez más, la palabra de Dios llegó a su corazón, preparándolo para otro encuentro divino, otra oportunidad de sembrar palabras que generan y transforman destinos.

«Estas son las palabras que generan y transforman destinos. El poder que viene de lo alto».

CAPÍTULO 4: EL JOVEN DE LOS CARROS

«Palabras que generan y transforman destinos» (Salmos 77:11-12)

El segundo encuentro

La gloria de Dios aún flotaba en el aire cuando Ceulemans salió del supermercado. Su corazón rebosaba de la presencia divina que se había manifestado momentos antes, cuando ayudó a la anciana a pagar sus compras. Era como si todo su ser vibrara en una frecuencia espiritual diferente, atento y sensible a los movimientos del Espíritu Santo.

Había aprendido, a través de sus experiencias, que cuando somos obedientes en una situación, Dios a menudo nos presenta la siguiente oportunidad casi de inmediato. El viaje espiritual no estaba compuesto por momentos aislados, sino por una secuencia continua de encuentros divinos, cada uno preparando el camino para el siguiente.

Y eso fue exactamente lo que sucedió.

Recuerdos despertados

Aún en el estacionamiento del supermercado, caminando hacia su coche, los ojos de Ceulemans se dirigieron, no por casualidad, sino por orientación divina, hacia un joven de aproximadamente 17 años. El chico estaba recogiendo los carros de la compra que los clientes habían dejado esparcidos por el estacionamiento, empujándolos en largas filas de vuelta a la entrada de la tienda.

La escena tocó algo profundo dentro de Ceulemans. No era solo simpatía o compasión casual, era reconocimiento. Esa imagen lo transportó instantáneamente a su propio pasado, a los días difíciles en los que él mismo había hecho exactamente el mismo trabajo.

Recordó el sol abrasador en la espalda, el cansancio en los brazos al empujar docenas de carros, la humildad de un trabajo que muchos consideraban inferior. Recordó la sensación de empezar de cero, haciendo cualquier trabajo disponible, ahorrando cada centavo para construir algo mejor.

«Recogiendo carritos en el supermercado», murmuró para sí mismo, con los recuerdos inundando su mente. «Yo hice exactamente eso».

La voz familiar

Una vez más, como había sucedido dentro del supermercado, la voz del Espíritu Santo comenzó a hablar en su interior. No era una voz audible que otros pudieran oír, sino ese susurro característico que había aprendido a reconocer y obedecer.

«La palabra de Dios vino a mí otra vez», recuerda.

Era una sensación que conocía bien: una mezcla de urgencia y claridad, una dirección específica sin palabras específicas. Era como si Dios le dijera: «Ve a él. Habla con él. Tengo algo que compartir contigo».

Ceulemans no dudó. Había aprendido que la vacilación es enemiga de la obediencia divina. Cuando Dios habla, el momento de actuar es ahora, no después de pensarlo, no después de planear qué decir, sino ahora.
Se acercó al joven, que estaba concentrado en su tarea, empujando una larga fila de carritos entrelazados.

El encuentro

«Disculpa», llamó Ceulemans, haciendo que el joven se detuviera y lo mirara con una expresión mezcla de curiosidad y cautela. No era habitual que los clientes se le acercaran para hablar.

El chico era delgado, con el aspecto cansado de quien trabaja muchas horas. Su ropa era sencilla, un poco gastada. Había algo en sus ojos, una mezcla de resignación y esperanza, como alguien que hace lo que tiene que hacer pero aún sueña con algo más.

«Solo quería decirte algo», comenzó Ceulemans, sintiendo que las palabras fluían no de su propia mente, sino de esa fuente más profunda de sabiduría divina. «Yo ya hice exactamente lo que tú estás haciendo ahora».

El joven pareció sorprendido. Miró a Ceulemans, un hombre mayor, bien vestido, claramente en una situación vital diferente, y le costó imaginar que él también había empujado carritos en aparcamientos.

Compartiendo la historia

«Es cierto», continuó Ceulemans. «Cuando llegué a Estados Unidos, empecé desde cero. No hablaba inglés, no conocía a nadie, no tenía referencias. Acepté cualquier trabajo que se me presentara, incluido recoger carritos, tal y como tú estás haciendo ahora».

Vio cómo se encendía el interés en los ojos del joven. Fue una conexión instantánea, el puente entre alguien que había pasado por algo y alguien que lo estaba pasando ahora.

«Empecé a hablar de dónde me había sacado Dios y dónde me había puesto», recuerda Ceulemans. «En pocas palabras, pero fueron palabras benditas para ese joven».

Habló de las frías mañanas empujando carritos, de ahorrar cada dólar, de soñar con algo mejor mientras hacía un trabajo que muchos consideraban humillante. Pero también habló de cómo ese trabajo le había enseñado disciplina, humildad y respeto por el trabajo duro.

«Este trabajo que estás haciendo», dijo Ceulemans, «no define quién eres. Solo define dónde estás ahora. Y dónde estás ahora es solo el comienzo de tu historia, no el final».

La palabra profética

Entonces sucedió algo extraordinario. Las palabras que salían de la boca de Ceulemans comenzaron a tener un peso diferente, una autoridad que no provenía de él mismo. Era el Espíritu Santo hablando a través de él, liberando palabras proféticas sobre el futuro de ese joven.

«Dios tiene un plan para tu vida», dijo, y al hablar, sintió la unción de esas palabras. «No te quedarás aquí para siempre. Esto es tu entrenamiento, tu preparación. Dios está moldeando tu carácter a través de este trabajo».

El joven había dejado de trabajar por completo. Los carros estaban olvidados. Estaba totalmente concentrado en cada palabra que Ceulemans decía, como alguien sediento bebiendo agua.

«Tienes un propósito específico», continuó Ceulemans. «Dios ha plantado sueños en tu corazón, no ignores esos sueños. Este trabajo es honesto y digno, pero no es tu destino final. Sigue trabajando duro aquí, pero también prepárate para lo que Dios tiene planeado para ti».

Lágrimas de esperanza

Las lágrimas comenzaron a correr por el rostro del joven. No eran lágrimas de tristeza, sino de algo más profundo: reconocimiento, esperanza renovada, la sensación de que alguien veía su verdadero valor más allá del trabajo que hacía.

«¿Cómo lo sabías?», preguntó el joven con voz temblorosa. «¿Cómo sabías que estaba a punto de rendirme? ¿Que me sentía atrapado, sin futuro?».

Ceulemans sonrió amablemente. «Yo no lo sabía. Pero Dios sí lo sabía. Fue Él quien me envió a hablar contigo hoy».

El joven se secó las lágrimas con el dorso de la mano. «Me levanto cada día preguntándome si vale la pena seguir adelante. Mis amigos se burlan de mi trabajo. Mis padres están decepcionados. Yo mismo estaba empezando a creer que eso era todo lo que conseguiría en la vida».

«Eso es mentira», dijo Ceulemans con firmeza. «Esas son voces que intentan destruir tu destino antes de que se manifieste. Pero hoy, Dios quiere que sepas la verdad: tienes valor, tienes un propósito y tienes un futuro».

La semilla plantada

Hablaron durante unos minutos más. Ceulemans compartió más detalles de su propio viaje: los retos, los momentos de
duda, pero también las victorias y cómo cada paso difícil lo había preparado para el siguiente nivel.

«Mantén tu integridad», aconsejó Ceulemans. «Haz este trabajo con excelencia, aunque nadie te esté mirando. Dios te está mirando. Él ve tu corazón, tu fidelidad en las cosas pequeñas. Y cuando seas fiel en las cosas pequeñas, Él te confiará cosas más grandes».

Antes de marcharse, Ceulemans puso la mano en el hombro del joven. «Recuerda lo que hemos hablado hoy. Cuando las cosas se pongan difíciles, cuando las voces negativas intenten convencerte de que te rindas, recuerda: Dios tiene un plan. No estás aquí por casualidad. Estás en formación».

El impacto de las palabras

Mientras caminaba de regreso a su auto, Ceulemans reflexionó sobre lo que acababa de suceder. «Me di cuenta de quién estaba hablando. No era yo. Era Dios hablando a través de mí».

Esta fue una de las lecciones más profundas que había aprendido en su camino espiritual: cuando nos convertimos en vasos disponibles, Dios puede usarnos para hablar de vida y esperanza a los corazones que necesitan escuchar exactamente lo que tenemos para compartir.

«Estas son las palabras que generan y transforman destinos», pensó. No eran palabras elaboradas ni discursos preparados. Eran palabras sencillas, pero cargadas de autoridad divina y amor genuino. Eran palabras que encontraban el terreno fértil de un corazón desesperado por esperanza.

El joven del aparcamiento había recibido mucho más que una conversación alentadora. Había recibido una palabra profética, una
declaración divina sobre su valor y su futuro que podría sostenerlo a través de los

días difíciles que le esperaban.

Lecciones del estacionamiento

Ese encuentro en el estacionamiento me enseñó varias lecciones importantes:

Primera: Dios usa nuestro pasado para ministrar al presente de otros. Cada experiencia difícil por la que pasamos puede convertirse en un puente de empatía y credibilidad cuando ayudamos a otros que están pasando por lo mismo.

Segunda: Nunca subestimes el poder de las palabras proféticas pronunciadas en el momento adecuado. Una conversación de cinco minutos puede cambiar el rumbo de toda una vida.

Tercero: La obediencia a los susurros del Espíritu Santo requiere prontitud. Ceulemans podría haber ignorado la impresión, racionalizado que estaba ocupado o asumido que otra persona hablaría con el joven. Pero obedeció de inmediato.

Cuarta: Debemos estar siempre preparados para ser utilizados por Dios. El ministerio no solo se lleva a cabo en entornos formales como las iglesias. Se lleva a cabo en aparcamientos, supermercados, calles... en cualquier lugar donde se encuentren personas necesitadas y siervos obedientes.

El poder de las palabras

Esa noche, al llegar a casa, Ceulemans oró por el joven del estacionamiento. No sabía su nombre, no tenía forma de seguir su progreso, pero confiaba en que las semillas plantadas darían fruto en el tiempo de Dios.

Pensó en cómo las palabras tienen poder creativo. Las palabras de su abuela habían moldeado su propia vida. Las palabras que compartió ese día podrían estar moldeando el futuro de ese joven.

«Palabras que generan y transforman destinos», murmuró de nuevo, agradecido por haber sido utilizado como instrumento divino una vez más.

Y en algún lugar esa noche, un joven de 17 años durmió con renovada esperanza, soñando no solo con recoger carritos, sino con el destino que Dios le había prometido a través de un extraño obediente en un estacionamiento.

«El poder que viene de lo alto: palabras que generan y transforman destinos».

CAPÍTULO 5: CURACIÓN A TRAVÉS DE LA FE

«Pon el pie donde Dios te pone el camino» (Mateo 11:5)

El viaje de los sueños

Viajar con la familia a Disney. Era un sueño que Ceulemans había acariciado durante años: poder proporcionar a su esposa e hijo esa experiencia mágica que él mismo nunca había tenido en su infancia. Cuando finalmente tuvieron las condiciones económicas, él y su esposa decidieron hacer realidad ese sueño, invitando también a una familia amiga a compartir la aventura.

«Mi familia, mi esposa y una familia amiga decidimos conocer Disney», recuerda con una sonrisa. «El sueño de conocer Disney».

Era más que solo diversión. Era un hito, un testimonio tangible de cómo Dios había prosperado su vida desde aquellos días difíciles empujando carritos de supermercado y perdiéndose por las calles de Boston. Ahora, años después, podía darle a su familia recuerdos que durarían para siempre.

La impresión divina

La mañana del viaje al parque, mientras se preparaban para salir, Ceulemans sintió esa impresión familiar: el suave susurro del Espíritu Santo que había aprendido a reconocer y obedecer a lo largo de los años.

Miró su Biblia sobre la mesa. El día prometía ser caluroso y llevar una Biblia a un parque de atracciones parecía poco práctico. Pero la impresión persistía.

«Cariño, hoy hace mucho calor», le dijo a su esposa. «¿Crees que debería llevarme la Biblia?».

Su esposa, que había aprendido a confiar en las impresiones espirituales de su marido, respondió sin dudar: «¿Qué te está diciendo el Señor en tu corazón? Si te está diciendo que la lleves, llévala».

Ceulemans asintió. «Así que cogí la Biblia, la metí en la mochila y nos fuimos».

El presentimiento

Desde el momento en que entraron en el parque, Ceulemans sintió algo diferente. No era ansiedad ni miedo, era esa aguda sensibilidad espiritual que reconocía de los momentos en que Dios estaba a punto de utilizarlo para algo importante.

«Pero desde el principio, nada más entrar en el parque, me quedé en silencio, con la sensación de que algo iba a pasar», recuerda.

Mientras la familia reía y se maravillaba con las atracciones, mientras su hijo le tiraba de la mano con entusiasmo para ver los juguetes, una parte de Ceulemans permanecía en alerta espiritual. No de una manera que le robara la alegría, sino de una manera que lo mantenía en sintonía con el Espíritu Santo.

El momento crítico

Después de visitar algunas atracciones, su hijo pidió ir al baño. Su esposa, que conocía mejor el parque, le indicó dónde estaba.

«Nos quedamos esperando. Estaba tardando mucho», recuerda Ceulemans. «Le dije: 'Quédate aquí, voy a ver qué pasa'».

Empezó a caminar hacia el baño, pero antes de llegar allí, se encontró con una escena que le encogió el corazón: una familia en completa desesperación.

En el suelo, tumbada sobre el cemento caliente del parque, había una niña de unos 11 años. Sus padres, un hombre de unos 45 años y una mujer de unos 39, estaban arrodillados a su lado, gritando pidiendo ayuda, con las voces quebrantadas por el pánico.

«El padre tenía unos 45 años, la madre unos 39 y la niña, su hija, 11», describe Ceulemans. «Los dos gritaban y lloraban desesperados, y yo me acerqué».

La voz del Espíritu

Al instante, el Espíritu Santo comenzó a hablarle a Ceulemans. No eran palabras audibles, sino esa comunicación divina clara e inconfundible que él conocía tan bien.

«Volví sin saber qué hacer, y comencé a hablar con el Espíritu Santo, y Él comenzó a ministrar en mi mente con Su voz».

El mensaje era claro: «Haz algo».

Pero ¿qué hacer? Había miles de personas transitando por el parque. La ayuda profesional seguramente estaba en camino. Y allí estaba él, en medio de una multitud, siendo llamado a actuar en una situación de emergencia médica.

«¿Qué? ¿Mi palabra?», se preguntó Ceulemans internamente. «Pero yo estaba como si tuviera miedo o inseguridad».

Era comprensible. Estaban en un lugar público, rodeados de extraños, lidiando con un niño inconsciente. Había miedo a la vergüenza, al rechazo, a hacer algo mal. Pero más fuerte que el miedo era la certeza de la dirección divina.

La obediencia

«Recuerdo la palabra liberada», recuerda, refiriéndose a aquellas promesas proféticas que su abuela había dicho sobre su vida
: que Dios lo usaría de maneras extraordinarias.

Con las manos ligeramente temblorosas, Ceulemans sacó la Biblia de su mochila. Ahora entendía por qué Dios había insistido en que la trajera.

«Y saqué la Biblia de mi mochila y comencé a orar sin cesar lo que el Espíritu Santo me inspiraba».

Se arrodilló junto a la desesperada familia. Los padres lo miraron con los ojos llenos de lágrimas y pánico, pero también con un destello de esperanza: cualquier ayuda era bienvenida en ese terrible momento.

Ceulemans comenzó a orar en voz alta, no con oraciones memorizadas o formales, sino con palabras que fluían directamente del Espíritu Santo a través de él. Imponiendo sus manos sobre la niña, sintió la autoridad divina que no provenía de él mismo, sino del poder que viene de lo alto.

La multitud y el milagro

A su alrededor, comenzó a formarse una multitud. Miles de personas transitaban por el parque y muchas se detuvieron para ver qué estaba pasando. Algunos sacaban sus teléfonos para pedir ayuda, otros solo observaban en silencio.

«Y la gente comenzó a glorificar el nombre del Señor en ese lugar», testifica Ceulemans.

Algo sobrenatural estaba sucediendo. El ambiente cambió. No era solo un hombre orando, era la presencia manifiesta de Dios descendiendo sobre aquella situación desesperada.

Ceulemans siguió orando, declarando vida sobre la niña, invocando el nombre de Jesús, ejerciendo la autoridad espiritual que se le había dado. Los minutos parecían eternos, pero él no se detenía.

La recuperación

«Entonces ocurrió algo extraordinario», recuerda con reverencia en su voz. «Después de unos minutos, llegaron los policías y la niña. Jesús la había sanado. Ya se había recuperado».

La niña, que estaba inconsciente e inmóvil en el suelo, comenzó a moverse. Abrió los ojos. El color volvió a su rostro. Miró a su alrededor, confundida por lo que había sucedido, pero claramente consciente y recuperada.

Cuando llegaron los paramédicos y los policías, no se encontraron con una emergencia médica en curso, sino con una escena de celebración y adoración. La niña estaba sentada, despierta, hablando con sus padres, que la abrazaban con lágrimas de alivio y gratitud.

«Alabé el nombre del Señor, el poder de la palabra liberada, con un propósito divino», dice Ceulemans.

Los testigos

Los policías y bomberos que llegaron al lugar vieron algo que no podían explicar en términos médicos convencionales. Una niña que minutos antes estaba inconsciente ahora se había recuperado por completo, sin necesidad de hospitalización ni intervención médica.

«Y mi esposa estaba preocupada porque veía que yo tenía la Biblia en alto», recuerda Ceulemans. Su esposa, que observaba desde lejos, se había dado cuenta de lo que estaba sucediendo: su marido estaba siendo utilizado por Dios de una manera poderosa y pública.

«Y al mismo tiempo estaba preocupada por nuestro hijo», continúa. «Pero la voz del Señor pasó a primer plano».

Este era un principio importante: cuando Dios llama, Él se convierte en la prioridad. Incluso las preocupaciones legítimas por su propio hijo tuvieron que esperar mientras Ceulemans obedecía el llamado de ministrar a esa familia en crisis.

El testimonio de los padres

Los padres de la niña miraron a Ceulemans con una gratitud que trascendía las palabras. Sus ojos, antes llenos de pánico y desesperación, ahora brillaban con lágrimas de alegría y reconocimiento espiritual.

«Los padres de esa niña se arrodillaron y comenzaron a dar gracias a Jesús», testifica. «Les dije: "Jesús quiere que su familia sea suya"».
Era el momento perfecto para evangelizar. Los corazones estaban abiertos, las defensas estaban bajas. Acababan de presenciar un milagro y estaban listos para escuchar acerca del Dios que realiza milagros.

«Hoy es una oportunidad que Él les está dando», les dijo Ceulemans a los padres.

No era presión ni manipulación, era una invitación genuina en el momento más receptivo posible.

La profunda lección

Ese día en Disney enseñó varias lecciones fundamentales sobre la fe, la obediencia y el poder de Dios:

Primera: La importancia de obedecer las impresiones espirituales, incluso cuando parecen poco prácticas. Llevar la Biblia a un parque de atracciones en un día caluroso parecía innecesario, pero era una preparación divina para lo que estaba por venir.

Segunda: Dios nos coloca en posición antes de que surja la necesidad. Ceulemans no buscó esa situación, simplemente iba al baño. Pero Dios orquestó sus pasos para que estuviera en el lugar correcto en el momento adecuado.

Tercero: Superar el miedo y la inseguridad para obedecer a Dios. Era aterrador actuar en público, arriesgarse a la vergüenza, pero la obediencia superó el miedo.

Cuarta: «Esto nos muestra la sensibilidad de escuchar y discernir la voz de Dios», reflexiona Ceulemans. No basta con que Dios hable, tenemos que estar sintonizados para escuchar y dispuestos a obedecer.

El impacto duradero

Ese día en Disney se convirtió en algo más que un feliz recuerdo familiar. Se convirtió en un poderoso testimonio del poder de Dios obrando a través de vasos obedientes. La historia se contaría y se volvería a contar, fortaleciendo la fe de todos los que la escucharan.

Para la familia de la niña, fue el día en que Dios demostró su amor de una manera tangible y poderosa. Para los testigos en el parque, fue una prueba de que lo sobrenatural todavía ocurre. Para los policías y bomberos, fue un recordatorio de que hay cosas más allá de la explicación natural.

Y para Ceulemans, fue una confirmación más de su llamado y propósito: ser un instrumento a través del cual se manifiesta el poder de Dios para traer sanación, esperanza y salvación.

«Sanación a través de la fe: el poder que viene de lo alto».

CAPÍTULO 6: EL MATRIMONIO RESTAURADO

«Dios desea restaurar lo que está roto» (Santiago 5:16).

La llamada desesperada

Era una tarde lluviosa cuando sonó el teléfono de Ceulemans. Al otro lado de la línea, una voz femenina temblorosa por el llanto apenas podía formar frases coherentes.

«Por favor», suplicaba la mujer entre sollozos. «Nos han dicho que usted podría ayudarnos. Nuestro matrimonio se está acabando. No sé qué más hacer».

Ceulemans reconoció ese tono: era la desesperación de alguien que lo había intentado todo y había llegado al límite de sus propios recursos. Había aprendido que esos eran los momentos en los que Dios más gustaba intervenir, cuando los seres humanos finalmente reconocían que necesitaban ayuda más allá de sí mismos.

«Cuéntame qué está pasando», dijo con calma, mientras comenzaba a orar en silencio para que el Espíritu Santo le diera sabiduría.

La historia de Marcela y Roberto

Marcela y Roberto llevaban doce años casados. Lo que había comenzado como un romance apasionado se había convertido en una convivencia fría y distante. Apenas se hablaban, dormían en habitaciones
separados, y lo único que aún los mantenía bajo el mismo techo eran sus dos hijos pequeños.

«Él ya no me ama», lloraba Marcela por teléfono. «Pasa todo el tiempo en el trabajo, y cuando está en casa, está al teléfono o viendo la televisión. Hace meses que no hablamos. Me siento invisible».

Ceulemans la escuchó atentamente, pero mientras ella hablaba, el Espíritu Santo comenzó a susurrarle algo diferente en su corazón. Había más en la historia que solo un marido distante y una esposa descuidada.

«¿Pueden venir a verme?», preguntó Ceulemans. «Me gustaría hablar con los dos juntos».

Hubo vacilación. «No sé si vendrá. No cree en Dios y piensa que la terapia de pareja es una pérdida de tiempo».

«Dígale que no es terapia», respondió Ceulemans. «Solo es una conversación. Si quiere a sus hijos, al menos debería intentarlo, ¿no?».

El encuentro

Tres días después, Marcela y Roberto estaban sentados en la sala de Ceulemans. La tensión entre ellos era palpable: se sentaban en extremos opuestos del sofá, evitando mirarse. Roberto tenía los brazos cruzados, la postura defensiva de alguien que estaba allí en contra de su voluntad.

Ceulemans abrió la conversación con una sencilla oración, pidiendo sabiduría y claridad. Roberto puso los ojos en blanco, pero no protestó.
«Antes de hablar de los problemas», comenzó Ceulemans, «me gustaría que cada uno me contara cómo se conocieron. ¿Cómo fue al principio?».

Marcela fue la primera en hablar y, al hablar de los primeros días de noviazgo, algo cambió en su expresión. Sus ojos brillaron al recordar la alegría que había sentido.

Roberto, a pesar de su resistencia inicial, no pudo evitar esbozar una pequeña sonrisa cuando ella mencionó el desastroso primer encuentro en el que él se derramó café encima tratando de impresionarla.

«¿Te acuerdas de eso?», preguntó Marcela, sorprendida, mirándolo por primera vez desde que llegaron.

«Claro que lo recuerdo», murmuró Roberto. «Fue el día más embarazoso de mi vida».

Por un momento, la tensión disminuyó. Pero pronto volvió cuando Ceulemans preguntó: «Entonces, ¿qué ha cambiado?».

La revelación

Mientras hablaban, culpándose mutuamente, enumerando las ofensas y los rencores acumulados a lo largo de los años, Ceulemans oraba en silencio. Y entonces, de repente, el Espíritu Santo le mostró algo que no se estaba diciendo.

«Roberto», interrumpió Ceulemans suavemente, «tienes miedo de algo, ¿verdad?».

Roberto se detuvo a mitad de la frase y su expresión se endureció. «¿De qué estás hablando?».

«No estás distante porque no amas a tu esposa», continuó Ceulemans, con palabras que fluían no de su propia sabiduría, sino de una revelación divina. «Estás distante porque tienes miedo de perderla. Igual que perdiste a tu madre».

El silencio que siguió fue ensordecedor. Marcela miró a su marido con los ojos muy abiertos. Roberto palideció.

«¿Cómo tú...?» comenzó Roberto, pero su voz falló.

«Tu madre murió cuando eras adolescente», dijo Ceulemans con amabilidad. «Y juraste no volver a encariñarte con nadie de esa manera, para no volver a sentir ese dolor. Así que te alejas emocionalmente, manteniendo la distancia, pensando que te estás protegiendo».

Las lágrimas comenzaron a correr por el rostro de Roberto, la primera señal de emoción real que había mostrado. «Yo no... no me di cuenta de que estaba haciendo eso».

La herida raíz

Ceulemans se volvió hacia Marcela. «Y tú, Marcela. No solo estás triste porque tu marido es distante. Estás furiosa».

Marcela parpadeó, sorprendida por la precisión de la observación. «Tengo derecho a estar furiosa. Me ignora por completo».

«Sí, pero tu ira proviene de un lugar más profundo», continuó Ceulemans. «Proviene de cuando tu padre abandonó a tu familia cuando tenías ocho años. Te prometiste a ti misma que nunca dejarías que un hombre te hiciera sentir sin valor otra vez. Así que cuando Roberto se aleja, no se trata solo de él, es como si tu padre te rechazara de nuevo».

Marcela se cubrió el rostro con las manos, sollozando. «¿Cómo sabes estas cosas? Nunca se lo he contado a nadie».

«Yo no lo sé», respondió Ceulemans con sinceridad. «Pero Dios lo sabe. Y Él quiere que vean que están luchando contra las heridas del pasado, no el uno contra el otro».

La comprensión

Por primera vez en años, Roberto y Marcela se miraron realmente. No con ira o resentimiento, sino con comprensión y compasión.

«No lo sabía», dijo Roberto, con la voz ronca por la emoción. «No sabía que te estaba haciendo sentir como te hizo sentir tu padre. Yo... solo tenía mucho miedo».

«Y yo no sabía que tenías miedo», respondió Marcela, extendiendo la mano vacilante hacia su marido. «Pensaba que simplemente ya no te importaba».

«¿Lo ven?», dijo Ceulemans suavemente. «Su enemigo no es el uno al otro. El enemigo son esas heridas sin curar del pasado que están controlando cómo reaccionan en el presente».

Abrió su Biblia. «Dios no solo quiere arreglar su matrimonio. Quiere sanar las heridas que lo están destruyendo».

El proceso de sanación

En las semanas siguientes, Ceulemans se reunió regularmente con Roberto y Marcela. Cada sesión incluía oración, conversaciones sinceras y trabajar a través de las capas de dolor y protección que ambos habían construido.

Para Roberto, significó aprender a reconocer sus patrones de evasión y elegir conscientemente conectarse, incluso cuando surgía el miedo. Significó llorar por la madre a la que nunca se había permitido llorar adecuadamente.

Para Marcela, significó perdonar no solo a Roberto, sino también a su padre. Significó romper la creencia de que ella no valía nada y abrazar su identidad como hija amada de Dios.

«El perdón no significa que lo que pasó estuviera bien», explicó Ceulemans. «Significa que estás eligiendo no dejar que el dolor del pasado destruya tu futuro».

Fue un proceso difícil. Hubo momentos en los que quisieron rendirse, cuando se tocaron viejas heridas y la reacción instintiva fue retroceder o atacar. Pero cada vez, eligieron quedarse, trabajar a través del dolor y confiar en el proceso.

La transformación

Tres meses después, Roberto y Marcela volvieron de visita. Pero esta vez entraron cogidos de la mano. La tensión había desaparecido, sustituida por una conexión visible.

«Queríamos darte las gracias», dijo Marcela, con los ojos brillantes, pero esta vez de alegría, no de lágrimas de dolor. «Has salvado nuestro matrimonio».

«No fui yo», corrigió Ceulemans amablemente. «Fue Dios. Él simplemente me utilizó para mostrarles lo que necesitaban ver».

Roberto, el hombre que había acudido por primera vez con resistencia y escepticismo, dijo: «Nunca creí en Dios. Pero lo que ha pasado aquí... no hay explicación natural para que supieras esas cosas sobre nuestro pasado. Y no hay explicación para la paz que siento ahora».

«Dios estaba esperando a que reconocieras tu necesidad de Él», sonrió Ceulemans. «Él utilizó la crisis de tu matrimonio para acercarte a Él».

«Ahora lo entiendo», dijo Roberto. «No se trataba solo de salvar nuestro matrimonio. Se trataba de encontrarnos a nosotros mismos: encontrar a Dios, encontrar la curación, encontrar nuestro verdadero yo».

La lección más importante

Esa experiencia enseñó varias lecciones profundas sobre las relaciones y la restauración:

Primera: Los problemas visibles en una relación suelen ser síntomas de heridas invisibles más profundas. Tratar solo los síntomas nunca trae una cura duradera.

Segunda: Dios puede revelar cosas ocultas que ninguna terapia convencional descubriría. Él ve no solo las acciones, sino los corazones y las raíces de las heridas.

Tercero: La restauración real requiere enfrentar el dolor, no evitarlo. Es en el proceso de reconocer y trabajar a través de las heridas que ocurre la curación.

Cuarta: Dios a menudo utiliza las crisis para llevarnos al punto en el que finalmente le buscamos. Lo que parece ser un final puede ser en realidad un nuevo comienzo.

El testimonio vivo

Meses después, Ceulemans se encontró con Roberto y Marcela en un evento de la iglesia, sí, la iglesia. El hombre que no creía en Dios ahora estaba sentado en la segunda fila, con la Biblia en la mano, aprendiendo con avidez.

«Nuestros hijos también están diferentes», compartió Marcela. «Sienten el cambio en nuestro hogar. Ya no hay tensión, ya no hay peleas. Hay paz».

«Y eso», pensó Ceulemans mientras los veía partir, «es el poder de la restauración divina. No solo repara lo que está roto, sino que lo transforma en algo más fuerte de lo que era antes».

El matrimonio que estaba a pocos días de terminar en divorcio era ahora un testimonio vivo del poder de Dios para restaurar, redimir y renovar. Era la prueba de que nada está demasiado roto para que Dios lo repare.

«Dios no solo repara, sino que restaura y transforma».

CAPÍTULO 7: ORIENTACIÓN PROFESIONAL

«Dios tiene planes específicos para el trabajo de cada persona» (Proverbios 3:5-6).

La mujer en la cafetería

Ceulemans estaba sentado en una cafetería local, revisando algunas notas, cuando se fijó en una mujer en una mesa cercana. Estaba rodeada de papeles, con el portátil abierto, pero sus manos cubrían su rostro en un gesto de agotamiento total.

Intentó volver a su trabajo, pero la familiar sensación del Espíritu Santo comenzó a crecer. «Ve a hablar con ella», le susurró claramente una voz interior.

Ceulemans dudó. Era una desconocida en un espacio público. Pero había aprendido a reconocer cuándo Dios estaba guiando sus pasos.

«Disculpe», dijo suavemente, acercándose. «Siento molestar, pero... ¿está bien?».

La mujer levantó la cara, revelando unos ojos enrojecidos por el llanto. Por un momento, pareció considerar despedirlo educadamente. Pero entonces, como si se rompiera un dique, comenzó a hablar.

«No», admitió. «No estoy bien».

La historia de Patricia

Se llamaba Patricia, tenía 34 años, era licenciada en ingeniería y tenía un máster en administración. Sobre el papel, era una mujer de éxito: directora sénior en una gran empresa tecnológica, con un sueldo de seis cifras y una oficina con vistas.

«Pero me levanto cada mañana con un peso en el pecho», confesó. «Voy al trabajo y siento que me muero por dentro, lentamente. Cada reunión, cada informe, cada día es una tortura».

Ceulemans la escuchó mientras ella descargaba años de frustración. Había seguido el camino «correcto»: las mejores escuelas, los mejores trabajos, la progresión profesional que todos envidiaban. Pero en algún momento del camino, se había perdido por completo a sí misma.

«Mis padres están orgullosos. Mis amigos piensan que tengo la vida perfecta. Pero me siento vacía», dijo. «Y lo peor es que no sé lo que realmente quiero hacer. Solo sé que no es esto».

La pregunta divina

Mientras Patricia hablaba, Ceulemans oraba en silencio. Y entonces, el Espíritu Santo le dio una pregunta específica que hacerle.

«Patricia, ¿qué te gustaba hacer cuando eras niña? ¿Antes de que nadie te dijera lo que debías ser?».

Ella parpadeó, sorprendida por la pregunta. «Yo... no lo sé. Ha pasado tanto tiempo...».

«Piénsalo», la animó Ceulemans. «¿Qué tipo de niña eras? ¿Qué te hacía perder la noción del tiempo?».

Poco a poco, los recuerdos comenzaron a aflorar. «Dibujaba», dijo, casi avergonzada. «Pasaba horas dibujando. Creaba historias, personajes, mundos enteros. Mis cuadernos del colegio estaban llenos de dibujos en los márgenes».

«¿Y qué pasó con eso?».

«Mis padres me dijeron que el arte no era una carrera real», respondió, con el dolor antiguo visible en su voz. «Que tenía que ser práctica, estudiar algo que me diera dinero. Así que dejé de dibujar».

La revelación

«No dejaste de dibujar», corrigió Ceulemans con amabilidad. «Enterraste una parte de ti misma. Y ahora esa parte se está ahogando, y lo sientes como un peso en el pecho».

Las lágrimas comenzaron a correr por el rostro de Patricia. «Pero no puedo simplemente dejarlo todo y convertirme en artista. Tengo facturas que pagar, responsabilidades. Sería irresponsable».

«Nadie te está diciendo que lo dejes todo mañana», dijo Ceulemans. «Pero tienes que entender algo importante: Dios te dio esos talentos y pasiones por una razón. Cuando los ignoras por completo, estás rechazando parte del propósito que Él tiene para tu vida».

Continuó: «Estás viviendo el sueño de otra persona, probablemente el sueño que tus padres tenían para ti. Pero no es tu sueño, y definitivamente no es lo que Dios tenía planeado».

La orientación específica

Mientras hablaban, el Espíritu Santo comenzó a darle a Ceulemans ideas específicas sobre el camino de Patricia.

«Tienes habilidades únicas», le dijo. «Entiendes de tecnología y negocios, pero también tienes creatividad artística. Eso no es común. ¿Has considerado el diseño de la experiencia del usuario? ¿El diseño de productos? ¿Áreas donde el arte y la tecnología se encuentran?».

Los ojos de Patricia se abrieron como platos. «Yo... nunca lo había pensado así».

«Dios no desperdicia nada», explicó Ceulemans. «Todos estos años en tecnología no han sido un error. Han sido una preparación. Pero tienes que integrar todas las partes de tu ser, no solo la parte que tus padres aprueban».

Sintió que el Espíritu Santo guiaba sus siguientes palabras. «En los próximos tres meses, recibirás una oferta. Te parecerá aterradora porque será diferente a lo que conoces. Pero será el comienzo del camino correcto».

El proceso de descubrimiento

Patricia comenzó a reunirse con Ceulemans regularmente. Cada encuentro incluía oración, conversaciones honestas sobre sus miedos y sueños, y pasos prácticos para redescubrir su creatividad.

Empezó a dibujar de nuevo, al principio solo para sí misma. Al principio era extraño e incómodo, como usar un músculo que no había ejercitado en años. Pero poco a poco, algo dentro de ella comenzó a despertar.

«Es como volver a respirar», dijo en uno de sus encuentros. «No me di cuenta de lo ahogada que estaba hasta que volví a dibujar».

Pero aún sentía miedo. «¿¿Y si fracaso? ¿Y si no soy lo suficientemente buena? ¿Y si mis padres tienen razón y el arte no es una carrera real?».

«Estás haciendo las preguntas equivocadas», respondió Ceulemans. «La pregunta correcta no es "¿Y si fracaso?", sino "¿Y si muero sin haberlo intentado nunca? ¿Qué tipo de vida es esa?"».

La oferta

Exactamente dos meses y medio después, Patricia recibió un mensaje en LinkedIn. Una startup tecnológica buscaba a alguien para dirigir su departamento de diseño, alguien que entendiera tanto de tecnología como de creatividad.

«Es la mitad de mi salario actual», le dijo a Ceulemans, con la voz temblorosa entre el miedo y la emoción. «Pero sería un trabajo creativo de verdad. Diseño, dirección artística, crear experiencias para los usuarios».

«¿Y qué te dice tu corazón?», preguntó Ceulemans.

«Mi corazón me dice que sí. Pero mi cabeza me grita sobre la seguridad financiera y lo que pensará la gente».

«¿Recuerdas lo que te dije sobre una oferta en tres meses?».

Patricia asintió, con los ojos muy abiertos. «Dijiste... dijiste exactamente tres meses. ¿Cómo lo sabías?».

«Yo no lo sabía», sonrió Ceulemans. «Pero Dios sí lo sabía. Él estaba preparando esto para ti incluso antes de que lo pidieras».

La decisión

La decisión no fue fácil. Los padres de Patricia se horrorizaron cuando se lo contó. «¿Vas a tirar por la borda tu carrera por un capricho?», lloró su madre. «¡Toda esa educación, desperdiciada!».

Sus amigos cuestionaron su cordura. «Estás pasando por una crisis de mediana edad», le dijeron algunos. «No hagas nada precipitado».

Pero cada noche, cuando Patricia oraba, sentía la misma paz sobre la decisión. Y recordaba las palabras de Ceulemans: «Cuando estás alineada con el propósito de Dios, hay paz, incluso cuando hay miedo».

Aceptó la oferta.

La transformación

Seis meses después, Patricia volvió a visitar a Ceulemans. Pero era una persona diferente, literalmente radiante, con una energía y una vitalidad que antes no tenía.

«Hoy me he levantado con ganas de ir a trabajar», dijo riendo. «¿Te lo puedes creer? Por primera vez en años, tenía muchas ganas de ir a trabajar».

El salario más bajo había exigido algunos ajustes. Se había mudado a un apartamento más pequeño y había recortado gastos innecesarios. Pero el cambio valía cada centavo.

«Mi trabajo ya no es solo un empleo», explicó. «Es una forma de expresión. Es un propósito. Cada proyecto es una oportunidad para crear algo que marca la diferencia en la vida de las personas».

Y había más. «La empresa está creciendo rápidamente. Mi jefe ha insinuado que, si seguimos a este ritmo, me ascenderán a
directora creativa el año que viene. Con un sueldo que superará el que ganaba en mi trabajo anterior».

«Pero incluso si eso no sucediera», añadió rápidamente, «no volvería. Porque, por primera vez, soy verdaderamente yo misma».

El testimonio inesperado

Lo más sorprendente fue el impacto en su familia. Sus padres, que al principio se quedaron horrorizados, empezaron a ver el cambio en ella.

«Mi madre me llamó la semana pasada», compartió Patricia. «Lloró y me pidió perdón por haberme obligado a enterrar mi creatividad. Dijo que ahora veía cómo me estaba muriendo por dentro en el otro trabajo».

Incluso sus compañeros de trabajo anteriores lo notaron. «Algunos vinieron a verme», dijo. «Me dijeron que mi cambio les había inspirado a cuestionarse si estaban en el camino correcto. Una compañera acaba de inscribirse en clases nocturnas de fotografía».

La lección profunda

Esa experiencia me enseñó varias verdades importantes sobre el llamado y el propósito:

Primero: El éxito a los ojos del mundo no significa estar alineado con el propósito de Dios. Puedes estar en lo alto de una escalera apoyada en la pared equivocada.

Segundo: Dios no desperdicia nuestras experiencias. Incluso los desvíos pueden ser parte de la preparación para donde Él nos está llevando.

Tercero: nunca es demasiado tarde para realinear tu vida con tu verdadero llamado. La cuestión no es cuánto tiempo has pasado en el camino equivocado, sino cuánto tiempo vas a seguir en él.

Cuarta: Cuando sigues el propósito de Dios, Él provee. La provisión puede que no llegue de la forma que esperamos, pero llega.

El efecto dominó

Un año después, Patricia no solo estaba prosperando en su carrera, sino que también estaba ayudando a otros a encontrar su camino.

Creó un grupo de mentoría para profesionales creativos, especialmente aquellos que estaban dejando sus carreras corporativas tradicionales.
«Quiero ser para ellos lo que tú fuiste para mí», le dijo a Ceulemans.

Y el ciclo continuaba. Cada persona a la que Patricia ayudaba se convertía en una fuente de luz para otros, creando ondas de transformación que se extendían mucho más allá del encuentro original en una cafetería.

«¿Lo ves?», pensó Ceulemans, observando cómo se desarrollaba todo.
«Cuando una persona encuentra su verdadero propósito, nunca se trata solo de ella. Se trata de todas las vidas que tocará cuando finalmente se convierta en quien fue creada para ser».

«Tu trabajo es adoración cuando está alineado con tu propósito divino».

CAPÍTULO 8: LIBERACIÓN DE LOS VICIOS

«Nadie está más allá del poder redentor de Dios» (Juan 8:32)

La llamada de madrugada

El teléfono sonó a las tres de la madrugada. Ceulemans se despertó inmediatamente, con el corazón acelerado incluso antes de contestar. Las llamadas a esa hora rara vez traían buenas noticias.

«¿Hola?», su voz estaba ronca por el sueño.

«¿Ceulemans?». Era una voz masculina, temblorosa, desesperada. «¿Se acuerda de mí? Soy Carlos. Usted ayudó a mi hermana hace unos meses...».

«Carlos, sí, me acuerdo. ¿Qué ha pasado?».

«Necesito ayuda». La voz se quebró. «Yo... no puedo más. Si no consigo ayuda ahora, voy a morir. Lo sé».

Ceulemans estaba completamente despierto ahora. «¿Dónde estás?».

«En un motel. Acabo de volver a consumir y... algo dentro de mí se ha roto. Te llamé porque no tenía a nadie más».

«Dame la dirección», dijo Ceulemans, levantándose ya. «Voy para allá».

El encuentro

Treinta minutos más tarde, Ceulemans llamó a la puerta de la habitación del motel barato. Carlos abrió y lo que Ceulemans vio le impactó. El hombre que tenía era irreconocible: demasiado delgado, con los ojos hundidos y temblando visiblemente.

Carlos tenía 28 años, pero parecía tener 50. Sus brazos mostraban marcas de inyecciones. La habitación olía a alcohol y desesperación.

«Gracias por venir», dijo Carlos, desplomándose en una silla. «Sé que son las tres de la madrugada. Es solo que... no sabía a quién más llamar».

«Cuéntame tu historia», dijo Ceulemans amablemente, sentándose.

El descenso

Carlos había empezado a beber a los 15 años, solo para encajar con sus amigos. Luego vino la marihuana, después drogas más duras. A los 20 años era adicto a la heroína.

«Lo perdí todo», dijo, con las palabras saliendo en un torrente desesperado. «Perdí mi trabajo, mi prometida me dejó, mi familia ya no me habla. Mi madre llora cada vez que me ve. Mi padre dijo que ya no tengo un hijo».

Había intentado dejarlo varias veces. Rehabilitación, terapia, grupos de apoyo. «Pero siempre vuelvo», confesó. «Es como si algo me empujara hacia atrás. No importa lo fuerte que sea, no importa lo mucho que quiera dejarlo, siempre vuelvo».

«Hoy fue la gota que colmó el vaso», continuó Carlos, con lágrimas corriendo libremente por sus mejillas. «Le robé dinero a mi hermana, la única persona que todavía me habla. Ella tiene dos hijos pequeños y yo le robé el dinero del alquiler. ¿Qué tipo de persona hace eso?».

La revelación espiritual

Mientras Carlos hablaba, Ceulemans no veía solo a un adicto. Veía algo más profundo: ataduras espirituales, cadenas invisibles que mantenían a Carlos atrapado más allá de la dependencia química.

«Carlos», dijo Ceulemans suavemente, «sabes que esto no se trata solo de drogas, ¿verdad?».

Carlos lo miró confundido. «¿De qué estás hablando?».

«Estás tratando de llenar un vacío dentro de ti. Y cada vez que consumes, ese vacío se hace más grande».

«Claro que hay un vacío», dijo Carlos con amargura. «Eso es lo que hacemos los adictos: intentamos llenar el vacío».

«Pero ¿de dónde viene ese vacío?», preguntó Ceulemans. «¿Cuándo empezó?».

Carlos se quedó en silencio durante un largo rato. Luego, en voz baja, dijo: «Cuando murió mi hermano mayor. Yo tenía 14 años. Él tenía 16. Fue un accidente de coche. Era mi héroe, mi mejor amigo».

«Y nunca superaste esa pérdida», dijo Ceulemans. «Así que empezaste a consumir para no sentir el dolor».

«Es más que eso», continuó Ceulemans, con palabras que parecían revelaciones divinas. «Sientes culpa. Crees que deberías haber sido tú quien hubiera tenido el accidente, no él».

Carlos palideció. «¿Cómo...? Nunca se lo he dicho a nadie. Pero sí. Mi hermano era el bueno. Inteligente, atlético, querido por todos. Yo era el problemático. Debería haber sido yo».

La batalla espiritual

«El enemigo ha estado utilizando esa culpa para destruirte», explicó Ceulemans. «Llevas 14 años castigándote. Cada vez que consumes, es un poco más de autocastigo. No crees que merezcas estar limpio, así que siempre encuentras una excusa para volver».

«Pero también hay algo más», dijo Ceulemans. «Hay ataduras espirituales aquí. Abriste puertas a través de las drogas, y las entidades encontraron un lugar donde habitar».

A Carlos le sonaba extraño, pero de alguna manera le resonaba como verdad. «¿Qué hago?».

«Primero, tienes que perdonarte a ti mismo», dijo Ceulemans. «La muerte de tu hermano no fue culpa tuya. No fue tu elección. Y a él no le gustaría verte destruirte en su memoria».

Entonces Ceulemans abrió su Biblia. «Segundo, tenemos que romper esas cadenas espirituales. ¿Estás dispuesto a entregar tu vida a Jesucristo?».

Carlos dudó. «No sé si creo en Dios. Y si creo, estoy seguro de que Él no quiere saber nada de mí después de todo lo que he hecho».

«Ese es precisamente el pensamiento que te mantiene atrapado», dijo Ceulemans. «La verdad es que Dios nunca ha dejado de quererte. No importa lo lejos que hayas llegado, Él está esperando a que regreses».

La oración de liberación

En las horas siguientes, Ceulemans oró por Carlos. No eran oraciones amables y reconfortantes, sino oraciones de guerra espiritual, enfrentándose a las fuerzas que mantenían cautivo a Carlos.

«En el nombre de Jesús», declaró Ceulemans, «rompo las cadenas de adicción que atan a Carlos. Expulso todo espíritu de esclavitud, culpa y autodestrucción. ¡Carlos es libre!».

Carlos comenzó a llorar, no con lágrimas suaves, sino con sollozos profundos y convulsivos que provenían de un lugar más allá de lo físico. Era como si algo se le estuviera arrancando, como si se le estuvieran quitando capas de dolor y oscuridad.

«Perdónate a ti mismo», le animó Ceulemans. «Di en voz alta: "Me perdono por la muerte de mi hermano, que no fue culpa mía"».

Al principio, Carlos no podía. Las palabras se le atascaban en la garganta. Pero finalmente, en un susurro entrecortado, dijo: «Me perdono. No fue culpa mía».

«Más alto», insistió Ceulemans.

«¡ME PERDONO!», gritó Carlos, rompiendo por fin con años de culpa. «¡NO FUE

CULPA MÍA!».

El amanecer

Cuando salió el sol, algo había cambiado. Carlos todavía temblaba por la abstinencia física, todavía parecía agotado. Pero había algo diferente en sus ojos: un destello de esperanza donde antes solo había desesperación.

«¿Qué ha pasado?», preguntó Carlos, confundido. «Siento... ligereza. Como si un peso que llevaba años cargando simplemente hubiera desaparecido».

«Has sido liberado», dijo Ceulemans simplemente. «Espiritualmente, las cadenas se han roto. Pero ahora viene la parte difícil: el proceso físico y emocional de la recuperación».

Ceulemans ayudó a Carlos a ingresar en un programa de rehabilitación cristiano. «La batalla espiritual se ha ganado», le explicó, «pero aún necesitas apoyo práctico. La recuperación es un viaje, no un acontecimiento único».

El proceso

Los primeros meses fueron brutalmente difíciles. La abstinencia física era agonizante. Había momentos en los que Carlos quería rendirse, cuando las viejas voces le susurraban que sería más fácil volver a consumir.

Pero esta vez había algo diferente. Donde antes siempre acababa cediendo, ahora tenía la fuerza para resistir. La culpa abrumadora que siempre lo arrastraba de vuelta se había roto por completo.

«Todavía tengo deseos», admitió a Ceulemans durante una visita. «Pero no tengo la compulsión. Antes, era como si algo me controlara. Ahora, tengo una elección real».

Empezó a asistir a reuniones de recuperación y a reconstruir puentes con su familia. Su madre lloró cuando él apareció en su puerta, sobrio desde hacía tres meses, pidiendo perdón.

«He recuperado a mi hijo», dijo ella, abrazándolo como si nunca fuera a soltarlo.

La restauración

Un año después, Carlos estaba irreconocible, pero esta vez para bien. Había ganado peso de forma saludable, sus ojos brillaban con vida y su piel ya no tenía ese aspecto grisáceo de la muerte.

Había conseguido un trabajo, había empezado a devolverle el dinero a su hermana y estaba reconstruyendo su vida paso a paso. Pero lo más importante era que había encontrado un propósito.

«Empecé a trabajar como voluntario en el centro de rehabilitación», le dijo a Ceulemans. «Ayudando a otros adictos. Porque sé lo que es estar en ese lugar oscuro sin esperanza».

Hizo una pausa, con emoción en su voz. «Y puedo decirles lo que usted me dijo a mí: que no importa lo lejos que hayan llegado, no importa lo que hayan hecho, no están fuera del alcance de Dios».

El testimonio vivo

Carlos se convirtió en una prueba viviente del poder liberador de Dios. Las personas que lo conocían antes apenas podían creer en su transformación.

«Estaba muerto», solía testificar a menudo. «No solo moribundo, estaba muerto por dentro. Y Dios me resucitó. No hay otra explicación».

Finalmente regresó a la escuela y estudió para convertirse en consejero de adicciones. «Quiero dedicar mi vida a ayudar a otros a encontrar la liberación que yo encontré», decía.

¿Y su familia? Su madre decía que había recibido dos milagros en su vida: el nacimiento de Carlos y su renacimiento.

La lección profunda

La historia de Carlos enseñó verdades importantes sobre la adicción y la liberación:

Primero: la adicción rara vez se trata solo de la sustancia. Hay heridas emocionales y espirituales más profundas que necesitan ser sanadas.

Segundo: Las batallas espirituales requieren soluciones espirituales. La terapia y el apoyo son importantes, pero algunos casos necesitan una intervención espiritual directa.

Tercero: Nadie está demasiado lejos. No importa cuán profundo haya caído alguien, Dios puede alcanzarlo y restaurarlo.

Cuarta: La liberación es tanto instantánea como gradual. El momento de ruptura espiritual puede ocurrir en una noche, pero la recuperación total es un viaje que requiere tiempo y apoyo continuo.

El efecto cascada

Años más tarde, Carlos dirigía su propio ministerio de recuperación. Decenas de personas habían encontrado la liberación a través de su testimonio y ayuda.

«Esa llamada a las tres de la madrugada», solía decir, «fue el momento en que elegí la vida en lugar de la muerte. Y Ceulemans respondió. Podría haber ignorado el teléfono. Pero vino. Y eso marcó la diferencia».

Y con cada persona a la que Carlos ayudaba a encontrar la liberación, el impacto de aquella noche en un motel barato seguía multiplicándose, prueba de que la redención de Dios no tiene límites y que su poder para restaurar no conoce fronteras.

«De las profundidades de la adicción a la luz de la libertad: el poder redentor de Dios».

CAPÍTULO 9: PROTECCIÓN DIVINA

«La mano protectora de Dios sobre su pueblo» (Salmos 91:7)

La advertencia nocturna

Ceulemans se despertó repentinamente a las 2:30 de la madrugada. No fue un ruido lo que lo despertó, ni una pesadilla. Fue algo más profundo: una urgencia espiritual que lo sacó del sueño instantáneamente.

Conocía esa sensación. Era el Espíritu Santo despertándolo para orar.

Sentado en la cama, comenzó a orar, pero no sabía exactamente por qué. Solo sentía una fuerte impresión sobre su vecino, Miguel, un hombre al que apenas conocía, que solo le saludaba educadamente cuando se cruzaban.

«Señor, ¿qué está pasando?», rezó Ceulemans. «¿Por qué estoy pensando en Miguel?».

La respuesta no llegó en forma de palabras, sino en forma de una urgencia creciente. Algo iba mal. Algo estaba a punto de suceder.

La impresión urgente

Ceulemans se levantó y se acercó a la ventana. Todo parecía normal en la silenciosa calle. La casa de Miguel estaba a oscuras, aparentemente todos dormían.

Pero la impresión no disminuía. Al contrario, se hacía más fuerte. «Ve allí», le susurraba claramente una voz interior. «Ahora».

Ceulemans dudó. Eran casi las tres de la madrugada. Apenas conocía a Miguel. ¿Qué le diría? «Siento molestarte en mitad de la noche, pero Dios me ha dicho que venga aquí». Sonaría absurdo.

Pero había aprendido a no cuestionar esas impresiones. Se vistió rápidamente y cruzó la calle.

El descubrimiento

Cuando llegó a la puerta de Miguel, algo le impidió llamar inmediatamente. En lugar de eso, dio la vuelta a la casa. Y entonces lo vio: una tenue luz que provenía del sótano, visible a través de una pequeña ventana.

Al acercarse, Ceulemans sintió un olor extraño. Gas.

Su corazón se aceleró. Sin pensarlo, corrió hacia la puerta principal y empezó a llamar con fuerza. «¡MIGUEL! ¡MIGUEL! ¡DESPIERTA!».

Tardó casi un minuto, que le pareció una eternidad, en que se encendieran las luces dentro de la casa. Miguel apareció en la puerta, confundido y enfadado.

«Dios mío... ¡Son las tres de la madrugada!».

«Tienes una fuga de gas», dijo Ceulemans rápidamente. «Puedo olerlo desde aquí. Tienes que salir de la casa ahora mismo y llamar a los bomberos».

La situación crítica

Miguel estaba a punto de discutir cuando él mismo sintió el olor. Su expresión cambió instantáneamente de irritación a alarma.
«Mi esposa. Mis hijos», dijo, girándose rápidamente. «¡TODOS, SALGAN DE LA CASA AHORA MISMO!».

Los minutos siguientes fueron un caos controlado. Miguel despertó a su esposa y a sus tres hijos, y todos salieron rápidamente de la casa. Los vecinos comenzaron a despertarse con el alboroto. Alguien llamó a los bomberos.

Cuando los bomberos llegaron e inspeccionaron, su expresión era grave.
«Han tenido mucha suerte», dijo el capitán. «La caldera del sótano ha tenido un fallo. La concentración de gas estaba cerca de niveles explosivos. Si alguien hubiera encendido una luz o utilizado la cocina por la mañana...».

No tuvo que terminar la frase. Todos lo entendieron. Toda la familia podría haber muerto, ya fuera por la explosión o por intoxicación con monóxido de carbono mientras dormían.

La pregunta

Después de que los bomberos resolvieran la situación y declararan la casa segura, Miguel se acercó a Ceulemans. El sol comenzaba a salir.

«¿Cómo lo sabías?», le preguntó. «¿Cómo sabías que había una fuga? No podías olerlo desde tu casa al otro lado de la calle».

Ceulemans sonrió amablemente. «Yo no lo sabía. Pero Dios sí lo sabía. Él me despertó y me dijo que viniera a revisar su casa».

Miguel lo miró con escepticismo. «¿Estás diciendo que Dios te despertó en medio de la noche para salvar a mi familia?».
«Sí», respondió Ceulemans simplemente. «Exactamente eso».

La resistencia y la revelación

Miguel era un hombre de negocios práctico, que no tenía tiempo para la religión. «No creo en Dios», dijo con franqueza. «Debió de ser una coincidencia. O tal vez oíste el ruido de la calefacción».

«Miguel», dijo Ceulemans con paciencia, «¿de verdad crees que fue una coincidencia que me despertara justo en ese momento, que sintiera una urgencia específica por ti y que viniera a revisar tu casa a una hora tan concreta?».

La esposa de Miguel, Ana, que estaba escuchando la conversación, tenía lágrimas en los ojos. «No fue una coincidencia», dijo suavemente. «Fue un milagro».

Se volvió hacia su marido. «Miguel, nuestros hijos podrían haber muerto esta noche. Todos podríamos haber muerto. Y este hombre, al que apenas conocemos, se despertó por algo que nos salvó. ¿Cómo puedes llamar a eso una coincidencia?».

La conversación

Durante los días siguientes, Miguel no podía dejar de pensar en el incidente. Era un hombre lógico, que siempre tenía explicaciones racionales para todo. Pero esto... esto desafiaba su lógica.

Una semana después, llamó a la puerta de Ceulemans.

«¿Tienes unos minutos para hablar?», preguntó Miguel, visiblemente incómodo. Se sentaron en el patio de Ceulemans. Miguel estaba inquieto, luchando por encontrar las palabras.

«No puedo dejar de pensar en esa noche», dijo finalmente. «He intentado encontrar explicaciones racionales. Que tal vez usted sufre de insomnio y estaba despierto de todos modos. Que tal vez oyó algo. Pero nada tiene sentido».

Hizo una pausa. «La verdad es que no tenías ninguna razón natural para estar en mi casa a esa hora. Y si no hubieras venido...».

Su voz se quebró. «Mis hijos. Tienen 6, 8 y 10 años. Podrían haber muerto».

La explicación

«Dios ama a tu familia», dijo Ceulemans con amabilidad. «Aunque tú no creas en Él, Él cree en ti. Tiene planes para ti, para Ana, para tus hijos».

«¿Por qué salvaría a alguien que ni siquiera cree en Él?», preguntó Miguel.

«Porque el amor de Dios no es condicional», explicó Ceulemans. «Él no espera que lo merezcas. Simplemente ama. Y esa noche, decidió utilizar a un vecino obediente para proteger a tu familia».

Miguel se quedó en silencio durante un largo rato. «¿Y si no hubieras obedecido? ¿Y si hubieras decidido que era demasiado tarde o demasiado extraño?».

«Pero obedecí», respondió Ceulemans. «Y esa es la belleza de la colaboración entre Dios y las personas dispuestas. Él nos guía, nosotros obedecemos y ocurren milagros».

La transformación

Esa conversación fue el comienzo de una transformación en Miguel. Empezó a hacer preguntas: sobre Dios, sobre la fe, sobre el propósito y el significado.

«Siempre pensé que la fe era para personas débiles», admitió. «Personas que necesitaban muletas emocionales. Pero tú no eres débil. Te despertaste en medio de la noche, cruzaste la calle basándote solo en una impresión, te arriesgaste a parecer loco. Eso no es debilidad».

«La fe no es debilidad», coincidió Ceulemans. «Es la fuerza para obedecer incluso cuando no tiene sentido lógico. Es la confianza en que hay una sabiduría mayor que la nuestra».

Miguel comenzó a visitar la iglesia con Ceulemans. Ana, que siempre había sido creyente pero practicante silenciosa para no entrar en conflicto con su marido, se sintió radiante.

«Recé durante 15 años para que mi marido conociera a Dios», le dijo a Ceulemans, llorando de gratitud. «Y Dios utilizó una fuga de gas para responder a mi oración».

El impacto en la familia

El cambio en Miguel impactó a toda la familia. Sus hijos, que nunca habían recibido educación religiosa, comenzaron a hacer preguntas sobre Dios.

«Papá», preguntó su hija de 8 años, «el señor Ceulemans dijo que Dios lo despertó para salvarnos. ¿Dios realmente hace eso?».

Miguel, que meses antes habría dicho que solo eran historias, ahora respondió: «Sí, querida. Dios hace eso. Y lo hizo por nosotros».

La familia comenzó a rezar antes de las comidas, algo que Ana siempre había deseado pero nunca había insistido. Miguel leía historias bíblicas a los niños antes de acostarse, todavía tropezando con las palabras, todavía aprendiendo, pero intentándolo.

La protección continua

Tres meses después del incidente, Miguel volvió a visitar a Ceulemans con una historia extraordinaria.

«No vas a creer lo que pasó», dijo, todavía procesándolo. «Ayer estaba conduciendo por la autopista. Llovía mucho, la visibilidad era mala. De repente, tuve una impresión muy fuerte: "Cambia de carril. Ahora"».

«¿Y obedeció?», preguntó Ceulemans, sabiendo ya la respuesta.

«Sí. No tenía sentido, el carril de al lado iba más lento. Pero después de aquella noche con el gas, aprendí a escuchar esas sensaciones. Así que cambié de carril».

«Cinco segundos después, un camión perdió el control y chocó exactamente donde yo estaba. Si hubiera seguido en ese carril...». No hizo falta que terminara la frase.

«Estás aprendiendo a escuchar la voz de Dios», sonrió Ceulemans. «No dejó de protegerte aquella noche. Y sigue haciéndolo».

La lección profunda

La historia de Miguel enseñó varias verdades sobre la protección divina:

Primera: Dios protege tanto a los creyentes como a los no creyentes. Su misericordia no depende de nuestra fe, aunque nuestra fe nos ayude a reconocer Su mano.

Segunda: Dios a menudo obra a través de personas obedientes. Los milagros ocurren cuando alguien está dispuesto a parecer tonto a los ojos del mundo para obedecer la voz de Dios.

Tercero: Los momentos de protección divina pueden ser puntos de inflexión espirituales. Lo que comienza como un rescate físico puede conducir al rescate espiritual.

Cuarta: Aprender a escuchar la voz de Dios puede, literalmente, salvar vidas
, la nuestra y la de otros.

El testimonio multiplicado

Miguel se convirtió en un testimonio andante del poder protector de Dios. En su empresa, compartía la historia con sus compañeros. En las fiestas familiares, contaba cómo Dios había salvado a su familia.

«Solía burlarme de las personas religiosas», decía abiertamente. «Pensaba que eran ignorantes o ingenuas. Pero ahora lo sé: hay un Dios que se preocupa lo suficiente como para despertar a un vecino a las tres de la madrugada para salvar a una familia de escépticos».

Su historia impactó a decenas de personas que también se consideraban «demasiado escépticas» o «demasiado inteligentes» para tener fe. Si Dios pudo llegar a Miguel, el pragmático, el escéptico, el hombre de
negocios que solo creía en lo que podía ver y medir—, tal vez pudiera llegar a cualquiera.

La gratitud perpetua

Años más tarde, cada vez que Miguel veía a Ceulemans, su gratitud era palpable.

«Usted salvó a mi familia», solía decirle.

Y Ceulemans siempre le corregía: «No fui yo. Fue Dios. Yo solo obedecí».

«Sí», asentía Miguel. «Pero tú obedeciste. Y tu obediencia salvó cinco vidas aquella noche. ¿Cómo podré agradecértelo lo suficiente?».

«Vive una vida que honre a quien te salvó», respondía Ceulemans. «Esa es la mejor gratitud».

Y Miguel hizo exactamente eso: vivió cada día con la conciencia de que se lo habían dado como un regalo, no como una garantía. Cada momento con sus hijos era precioso porque sabía lo cerca que había estado de perderlos para siempre.

«La protección de Dios es real, presente y personal».

CAPÍTULO 10: EL HIJO PERDIDO

«Dios desea la unidad y la reconciliación familiar» (Lucas 24:52).

La madre desconsolada

Dona Teresa entró en la pequeña oficina donde Ceulemans atendía a las personas para ofrecerles asesoramiento espiritual. Tenía aproximadamente 65 años, el pelo canoso y unos ojos que reflejaban el peso de años de dolor sin resolver.

«No sé por dónde empezar», dijo con voz temblorosa. «Ha pasado tanto tiempo que ni siquiera sé si hay esperanza».

Ceulemans le indicó la cómoda silla. «Empiece por el principio. Dios nos ha dado todo el tiempo que necesitamos».

Teresa respiró hondo. «Mi hijo. Hace quince años que no hablo con él. Quince años desde que se marchó de casa y dijo que no quería volver a verme nunca más».

Las lágrimas comenzaron a caer. «Ni siquiera sé dónde vive. Si está vivo. Si es feliz. He perdido quince años de la vida de mi hijo».

La historia antigua

La historia era dolorosa y complicada, como lo son tantas historias familiares. Teresa había sido madre soltera, criando a Daniel sola después de que su padre los abandonara cuando el niño tenía solo tres años.

«Tenía tres trabajos para darle todo lo que necesitaba», explicó. «Colegio privado, buena ropa, comida en la mesa. Me sacrifiqué por él».

Pero Daniel, al crecer sin padre y con una madre siempre ausente por culpa del trabajo, desarrolló resentimiento. En la adolescencia, se volvió rebelde. Discutían constantemente.

«La última pelea fue terrible», recordaba Teresa, con el dolor aún fresco después de quince años. «Tenía 22 años. Quería dejar la universidad para seguir a una banda de música. Le dije que estaba tirando su vida por la borda, que no había trabajado tanto para verlo desperdiciar oportunidades».

«Me dijo que nunca había estado realmente presente, que lo único que me importaba eran las apariencias y el éxito. Dijo que era controladora y que me odiaba». Se le quebró la voz. «Entonces cogió sus cosas y se marchó. Y nunca volvió».

El intento fallido

«Al principio intenté contactar con él», continuó Teresa. «Le llamaba, le enviaba mensajes. Bloqueó mi número. Fui a su casa, no me abrió la puerta. Al cabo de unos meses, se mudó y no dejó ninguna dirección nueva».

«Al final, dejé de intentarlo. Pensé que si él quería que desapareciera de su vida, debía respetarlo. Pero no pasa un solo día sin que piense en él. Sin preguntarme dónde me equivoqué».

Mientras ella hablaba, Ceulemans oraba en silencio. Y el Espíritu Santo comenzó a revelar cosas que Teresa no había dicho.

«Teresa», le dijo amablemente, «no me estás contando todo. Hay algo más en la historia de la última pelea, ¿verdad?».

Ella palideció. «¿Cómo usted...?»
«Cuéntame lo que realmente pasó», la animó Ceulemans.

La verdad oculta

Teresa lloró aún más fuerte, años de culpa que finalmente encontraban voz.

«Cuando él dijo que me odiaba, yo... le dije que a veces deseaba no haber tenido nunca un hijo. Que mi vida habría sido más fácil sin él».

Se cubrió el rostro con las manos. «No quería decir eso. Estaba enfadada, dolida. Pero las palabras salieron. Y vi cómo algo moría en sus ojos en ese momento».

«Él dijo "por fin la verdad" y se marchó. Y yo nunca tuve la oportunidad de decirle que no era verdad, que lo había dicho por enfado, que él es lo más importante de mi vida».

«Esa culpa te ha consumido durante quince años», dijo Ceulemans. No era una pregunta.

«Cada día», susurró ella. «¿Cómo le dice eso una madre a su hijo? ¿Qué clase de monstruo soy?».

La revelación divina

«Teresa», dijo Ceulemans, sintiendo que el Espíritu Santo guiaba sus palabras, «tu hijo está vivo y vive a solo dos horas de aquí».

Ella lo miró con los ojos muy abiertos. «¿Cómo puedes saber eso?».

«Él también lleva consigo el dolor», continuó Ceulemans. «Se casó hace cinco años. Tiene una hija de tres años. Y cada vez que la mira, piensa en ti. Él desea la reconciliación tanto como tú, pero tiene miedo de ser rechazado».

«¿Cómo sabes estas cosas?», preguntó Teresa, entre la esperanza y la incredulidad.

«Dios me lo ha mostrado», respondió Ceulemans simplemente. «Y además, estará en una cafetería concreta dentro de tres días, el miércoles, a mediodía. Una cafetería llamada Café Aurora, en el centro de la ciudad».

Teresa temblaba. «¿Debería ir? ¿Y si no quiere verme? ¿Y si todavía me odia?».

La preparación

Durante los tres días siguientes, Ceulemans se reunió con Teresa a diario para prepararla para el encuentro.

«Tienes que estar preparada para pedir perdón sin expectativas», le explicó. «No vayas esperando que te perdone inmediatamente. Ve preparada para decir simplemente tu verdad y deja el resto en manos de Dios».

Practicaron lo que ella diría. Oraron para que Daniel abriera su corazón. Trabajaron sobre la culpa de Teresa, ayudándola a aceptar que, aunque había cometido un terrible error, ella no se definía por ese momento.

«Dios puede restaurar lo que el enemigo ha robado», la animó Ceulemans. «Quince años perdidos no se pueden recuperar, pero el futuro aún se puede redimir».

El encuentro

El miércoles al mediodía, Teresa entró en el Café Aurora con el corazón latiendo tan fuerte que pensó que todos podían oírlo. Y allí, sentado en una mesa cerca de la ventana, estaba Daniel.

Estaba más viejo, claro. Ya no era el joven de 22 años que se había marchado dando un portazo. Ahora tenía 37, algunas arrugas alrededor de los ojos, pero aún reconocible como el niño que ella había criado.

Cuando la vio, se quedó paralizado. Su rostro pasó por una serie de expresiones: sorpresa, ira, dolor, confusión.

Teresa se acercó lentamente. «Daniel», dijo, con una voz poco más que un susurro. «Por favor, no te vayas. Solo necesito cinco minutos».

Él no respondió, pero tampoco se levantó para marcharse. Ella lo tomó como un permiso para sentarse.

Las palabras tan necesarias

«Lo he ensayado mil veces en los últimos tres días», comenzó Teresa, con lágrimas ya corriendo por sus mejillas. «Pero ahora que estás aquí, lo único que puedo decir es: perdóname».

«Las palabras que te dije aquel día, que deseaba no haber tenido nunca un hijo, fueron la mayor mentira que he dicho nunca. Y lo peor que he hecho fue dejar que te las creyeras».

«Eres el mejor regalo que he recibido», continuó. «Cada sacrificio que hice, lo hice con alegría porque era por ti. Me equivoqué en muchas cosas. Trabajé demasiado, estuve demasiado ausente, fui demasiado controladora. Pero nunca, ni por un segundo, dejé de quererte más que a mi propia vida».

Daniel estaba inmóvil, con los ojos brillantes por las lágrimas que no derramaba.

«No espero que me perdones», dijo Teresa. «No merezco el perdón. Pero necesitaba que supieras la verdad. Y si me lo permites, me gustaría conocer a mi nieta. No para interferir, no para controlar. Solo para estar presente de la forma en que no pude estarlo para ti».

La respuesta

El silencio que siguió pareció durar una eternidad. Entonces, Daniel habló, con la voz ronca por la emoción.

«¿Cómo sabías que estaría aquí?», preguntó él.

«Me lo dijo un hombre llamado Ceulemans», respondió Teresa. «Dijo que Dios le había mostrado dónde estarías».

Daniel palideció. «¿Ceulemans? ¿De pelo oscuro, de unos 45 años?». «Sí,

¿lo conoces?».

«Vino a verme hace una semana», dijo Daniel, aún procesando la información. «Se detuvo en el estacionamiento donde yo estaba y empezó a hablarme. Me dijo que mi madre me quería y que tenía que perdonarla. Me dijo que habría una oportunidad para la reconciliación».

«Pensé que estaba loco», admitió Daniel. «Pero había algo en su forma de hablar... Y luego me dijo que estaría en esta cafetería hoy, a esta hora exacta».

«Nos preparó a los dos», se dio cuenta Teresa, maravillada.

La ruptura

«Mamá», dijo Daniel, y escuchar esa palabra de nuevo después de quince años rompió algo en Teresa. «Yo también necesito pedir perdón.
fui cruel. Dije cosas horribles. Y cuando intentaste reconciliarte en los primeros meses, rechacé cada intento. Mi orgullo no me permitió perdonar».

«Me casé, tuve una hija y descubrí que ser padre es lo más difícil y lo más importante del mundo. Y finalmente comprendí lo mucho que te sacrificaste por mí. Cuántos errores probablemente cometeré yo también».

«Cada cumpleaños, cada Navidad, quería llamarte», confesó. «Pero me daba vergüenza. Había pasado tanto tiempo. ¿Cómo podía simplemente volver?».

Lloraron juntos, años de dolor finalmente encontraban liberación. Otros clientes del café discretamente apartaron la mirada, dándoles privacidad en su momento.

La restauración

Esa tarde, Daniel llevó a Teresa a conocer a su nieta, Sofía. La niña de tres años miró a la desconocida con curiosidad.

«Sofía», dijo Daniel, arrodillándose junto a su hija, «esta es tu abuela. La madre de papá».

«¿Tengo una abuela?», preguntó Sofía con los ojos muy abiertos.

«Siempre la has tenido», dijo Daniel, mirando a su madre. «Solo que hacía mucho tiempo que no la veíamos. Pero ahora está aquí».

Sofía, con la sencillez propia de los niños, simplemente extendió los brazos. «¡Hola, abuela!».Y cuando Teresa tomó a su nieta en brazos por primera vez, sintió que quince años de dolor eran sustituidos por esperanza. El pasado no se podía cambiar, pero el futuro era abierto y brillante.

El proceso de curación

La reconciliación no fue instantánea ni perfecta. Hubo momentos incómodos, viejas heridas que aún dolían, patrones que había que romper.

Teresa tuvo que aprender a no ser controladora, a ofrecer su opinión solo cuando se le pedía, a confiar en las decisiones de Daniel como padre. Daniel tuvo que trabajar para superar antiguos resentimientos que ocasionalmente resurgían.

Pero perseveraron. Las cenas familiares comenzaron siendo mensuales, luego se convirtieron en semanales. Sofía llenó sus vidas de alegría y risas, siendo el puente que conectaba el pasado y el futuro.

«Los niños son regalos de Dios en muchas formas», le dijo Teresa a Ceulemans meses después. «Sofía no solo me dio una segunda oportunidad de ser abuela. Me dio una segunda oportunidad con mi hijo».

La lección más importante

La historia de Teresa y Daniel enseñó verdades profundas sobre la familia y el perdón:

Primera: nunca es demasiado tarde para la reconciliación. Quince años es mucho tiempo, pero no es demasiado tarde cuando Dios está involucrado.

Segundo: el orgullo y la vergüenza mantienen separadas a las familias. Ambas partes querían la reconciliación, pero el miedo les impedía dar el primer paso.

Tercero: Dios puede orquestar encuentros que parecen imposibles. El timing divino puso a madre e hijo en el mismo lugar en el momento adecuado.

Cuarta: El perdón es un proceso, no un evento único. La reconciliación real requiere un trabajo continuo y elecciones diarias de gracia.

El testimonio vivo

Cuando les preguntaban cómo se produjo la reconciliación, Teresa y Daniel siempre hablaban de Ceulemans, el hombre que Dios utilizó para unir a una familia rota.

«Él vino a nosotros por separado», explicaba Daniel. «Preparó nuestros corazones. Y luego nos puso en el mismo lugar en el momento adecuado».

«Fue como si Dios dijera: "Basta ya de separación"», añadía Teresa. «Y envió a su mensajero para reunirnos de nuevo».

Años más tarde, cuando Sofía tenía diez años y preguntó por qué no había conocido a su abuela cuando era bebé, Daniel le contó toda la historia: los errores, la separación, el orgullo y, finalmente, la reconciliación.

«Y esa», concluyó, «es la razón por la que nunca dejamos que el sol se ponga sobre nuestra ira. Porque siempre pedimos perdón cuando nos equivocamos. Porque hemos aprendido por las malas cuánto tiempo se puede perder por culpa del orgullo».

«La familia restaurada: el deseo del corazón de Dios».

CAPÍTULO 11: PROSPERIDAD CON PROPÓSITO

«Dios prospera a su pueblo para fines mayores» (Génesis 1:28).

La familia en crisis

Lucía llamó a la puerta del despacho de Ceulemans con vacilación. Le avergonzaba estar allí, tener que pedir ayuda. Pero se había quedado sin opciones.

«No sé si usted puede ayudarme», dijo, sin apenas atreverse a mirarle a los ojos. «Mi problema no es espiritual. Es financiero».

«Entra», dijo Ceulemans amablemente. «Hablemos».

Lucía tenía 42 años y era madre de dos hijos adolescentes. Su marido había fallecido dos años antes de un ataque cardíaco repentino, dejándola sola con una montaña de deudas médicas y sin suficiente seguro de vida.

«Llevo tres meses de retraso en el alquiler», confesó, con dificultad para articular las palabras. «El casero nos va a desahuciar la semana que viene. Tengo dos trabajos, pero no es suficiente. Las facturas médicas... no dejan de llegar».

Hizo una pausa para secarse las lágrimas. «Mis hijos no se merecen esto. Ya han perdido a su padre. Ahora también van a perder su casa».

La pregunta inesperada

Ceulemans escuchó toda la historia: las deudas, los trabajos que apenas cubrían lo básico, las decisiones imposibles entre comida y medicamentos.

Entonces le hizo una pregunta que la tomó por sorpresa. «Lucia, ¿cuándo fue la última vez que le diste algo a alguien?».

Ella parpadeó, confundida. «¿Qué quieres decir? No tengo nada que dar. Estoy literalmente a punto de ser desahuciada».

«Lo entiendo», dijo Ceulemans. «Pero responde a la pregunta. ¿Cuándo fue la última vez que le diste algo a alguien —tiempo, dinero, ayuda —a alguien que lo necesitaba?».

Lucía lo pensó. «No lo sé. Hace años, creo. Antes de que muriera mi marido. Ahora soy yo la que necesita ayuda, no la que la da».

«Y ahí es precisamente donde está el problema», dijo Ceulemans con amabilidad.

El principio inverso

«Lo que estás a punto de decirme te parecerá una locura», continuó Ceulemans. «Pero ha funcionado durante miles de años y también te funcionará a ti».

Abrió su Biblia. «El principio de sembrar y cosechar. No se puede cosechar lo que no se siembra. Y cuando se está en escasez, lo último que dicta el instinto es dar. Pero eso es precisamente lo que Dios te pide que hagas».

«¿Quieres que dé dinero que no tengo?», preguntó Lucía, incrédula.

«Quiero que des algo, lo que puedas. No porque eso vaya a resolver mágicamente tus problemas, sino porque cambia tu mentalidad de escasez a confianza. Le dice a Dios: "Confío en que Tú proveerás"».

Lucía se mostró escéptica. «Eso suena como esos predicadores de la televisión que solo quieren dinero».

«No te estoy pidiendo que me des nada», aclaró Ceulemans. «Te estoy diciendo que encuentres a alguien necesitado y le ayudes , aunque sea algo pequeño. Y observa lo que hace Dios».

El primer paso

Lucía se sintió incómoda con la conversación. ¿Cómo podía dar cuando estaba a punto de perderlo todo? Pero algo en las palabras de Ceulemans se le quedó grabado.

Unos días más tarde, en el supermercado, comprando lo mínimo con sus últimos veinte dólares, vio a una anciana contando monedas en la caja, claramente sin suficiente dinero para sus compras.

La voz en su cabeza le dijo: «Necesitas ese dinero. Tienes hijos que alimentar». Pero una voz más suave le susurró: «Confía en mí».

Antes de que pudiera pensarlo demasiado, Lucía se acercó. «Déjeme pagarlo», dijo, con la mano temblorosa mientras le entregaba diez dólares, la mitad de lo que tenía.

La señora la miró con lágrimas en los ojos. «Que Dios te bendiga, hija».

Lucía salió del mercado sintiéndose extraña: parte de ella estaba aterrada por haber dado la mitad de su dinero, y otra parte estaba en paz de una forma que no entendía.

El cambio inesperado

Dos días después, Lucía recibió una llamada de un número desconocido.

«¿Sra. Lucía Martínez?», la voz era profesional. «Le llamamos desde el bufete de abogados Thompson & Associates. Llevamos meses intentando localizarla».

Su corazón se hundió. ¿Más deudas? ¿Más problemas?

«Su difunto marido tenía una póliza de seguro de vida a través de un empleo anterior que no figuraba en sus documentos principales. Acabamos de localizarla a través de nuestro proceso de auditoría. El valor es de 150 000 dólares».

Lucía tuvo que sentarse. «¿Qué? Eso no es posible».

«Sí, señora. El proceso llevará unas semanas, pero el dinero es legalmente suyo».

La reacción

Lucía corrió a casa de Ceulemans, casi sin poder respirar. «¡No vas a creer lo que ha pasado!».

Le contó lo de la llamada, lo del seguro perdido que nadie sabía que existía, lo de que eso pagaría todas las deudas y aún sobraría dinero.

«¿Fue por los diez dólares?», preguntó. «¿Dar esos diez dólares hizo que esto sucediera?».

«No exactamente», explicó Ceulemans. «Esa póliza siempre existió. Pero tu acto de dar, de confiar a pesar de la escasez, abrió tus ojos espirituales para ver la provisión de Dios. Y Dios eligió ese momento para revelar lo que ya estaba allí».

«Pero hay algo importante», continuó con seriedad. «Este dinero no es solo para usted. Es para un propósito».

El propósito mayor

En las semanas siguientes, mientras avanzaba el proceso del seguro, Ceulemans se reunió regularmente con Lucía para enseñarle sobre la mayordomía financiera.

«Dios no te dio este dinero solo para salvarte», le explicó. «Te lo dio para que puedas ser una bendición para otros».

Juntos, crearon un plan. Pagar todas las deudas primero. Establecer un fondo de emergencia. Y luego, usar una parte significativa para ayudar a otros.

«Pero necesito ese dinero», argumentó Lucía. «Mis hijos tienen que ir a la universidad».

«Y lo harán», le aseguró Ceulemans. «Pero si lo guardas todo para ti, perderás la bendición multiplicada que proviene de dar. Dios te puso a prueba con diez dólares en el supermercado. Ahora te está poniendo a prueba con 150 000 dólares».

La decisión

Lucia luchó con la decisión. La parte de ella que había vivido en la escasez quería quedarse con cada centavo. Pero una nueva parte de ella, que estaba aprendiendo a confiar, sabía que Ceulemans tenía razón.

Decidió donar el 20 % —30 000 dólares— a varias causas. Pagó las deudas médicas de familias que conocía y que estaban pasando apuros. Hizo donaciones a la iglesia. Creó un fondo de becas para hijos de padres viudos.

«Cada vez que doy», dijo maravillada, «siento que recibo más a cambio. No en dinero, sino en paz, en alegría, en propósito».

La multiplicación

En los meses siguientes, ocurrió algo extraordinario. Lucía, ahora estable financieramente, comenzó a ver oportunidades por todas partes.

Un amigo le mencionó una propiedad de inversión. Con orientación cuidadosa y oración, invirtió. El valor se duplicó en un año.

Empezó un pequeño negocio haciendo pasteles, algo que siempre le había gustado pero para lo que nunca había tenido tiempo. El negocio creció rápidamente gracias al boca a boca.

«No tiene sentido», le dijo a Ceulemans. «Debería estar simplemente manteniendo la cabeza fuera del agua. En cambio, estoy prosperando».

«Tiene sentido cuando entiendes los principios de Dios», respondió Ceulemans. «Cuando das generosamente y administras fielmente lo que Dios te da, Él te confía más».

La prueba

Dos años después de recibir el seguro, Lucía se encontraba en una situación financiera que nunca hubiera imaginado. Sus hijos tenían fondos para la universidad. Tenía una casa propia. Su negocio de pasteles tenía tres empleados.

Entonces llegó la prueba. Su hermana, que siempre había sido irresponsable con el dinero, la llamó porque necesitaba 20 000 dólares para evitar la quiebra de su negocio.

Lucía se debatió. Dar dinero a extraños era una cosa. ¿Pero dárselo a alguien cuya mala gestión había creado su propia crisis?

«¿Qué hago?», le preguntó a Ceulemans.
«¿Qué te dice tu corazón?», respondió él.

«Mi corazón me dice que lo dé. Mi cabeza me dice que es una tontería».

«Entonces ya sabes la respuesta», sonrió Ceulemans.

Lucía le dio el dinero a su hermana, pero con condiciones: asesoramiento financiero, rendición de cuentas, un plan claro. Para su sorpresa, su hermana aceptó todas las condiciones.

La transformación completa

Tres años después de aquella primera conversación en la oficina de Ceulemans, Lucía era una persona totalmente diferente. No solo en lo financiero, sino en toda su forma de enfocar la vida.

«Solía vivir con una mentalidad de escasez», reflexionaba. «Siempre preocupada por si no habría suficiente. Siempre aferrándome con fuerza. Pero Dios me enseñó que cuanto más suelto mi mano, más me puede dar».

Su negocio de pasteles ahora empleaba a ocho personas, todas madres solteras que necesitaban un trabajo flexible. «Recuerdo cómo era», explicaba Lucía. «Así que creé el tipo de trabajo que me hubiera gustado tener».

También puso en marcha un grupo de apoyo para viudas, en el que enseñaba planificación financiera y fe. «La parte financiera es importante», decía. «Pero la parte de la fe es lo que realmente lo cambia todo».

La lección profunda

La historia de Lucía enseñó verdades importantes sobre la prosperidad y el propósito:

Primero: Dios prospera a las personas no solo para su comodidad, sino para expandir su capacidad de bendecir a otros.

Segundo: la generosidad en la escasez abre puertas que la codicia en la abundancia cierra.

Tercero: La verdadera prosperidad no se trata solo de tener dinero, sino de tener un propósito y paz.

Cuarta: lo que parece ser un sacrificio al dar, a menudo se multiplica de formas inesperadas.

El testimonio vivo

Cuando la gente le preguntaba a Lucía el secreto de su transformación financiera, ella siempre contaba la historia completa: la escasez, los diez dólares en el supermercado, el seguro descubierto y el viaje de aprender a dar.

«No fue magia», explicaba. «Fue un principio espiritual. Dios estaba esperando que confiara en Él lo suficiente como para abrir mi mano, incluso cuando parecía que no tenía nada que dar».

Decenas de personas se inspiraron en su historia. Algunas comenzaron a dar incluso en medio de sus propias dificultades y vieron cambios similares. Otras aprendieron a administrar lo que tenían con más sabiduría.

¿Y Lucía? Ella siguió prosperando, no porque acumulaba, sino porque seguía dando. Cada año aumentaba sus donaciones. Cada año, Dios parecía abrir nuevas puertas.

«La prosperidad con propósito», solía decir, «no se trata de cuánto tienes. Se trata de cuánto puedes dar y seguir confiando en que Dios te dará más».

«La verdadera prosperidad es tener lo suficiente para tus necesidades y generosidad para las necesidades de los demás».

CAPÍTULO 12: EL PODER QUE VIENE DE ARRIBA

«Cada persona tiene acceso a la guía y el propósito divinos» (Colosenses 1:16).

El viaje completo

Sentado en su porche al atardecer, Ceulemans reflexionaba sobre el extraordinario viaje que Dios le había llevado a realizar. De un joven de 21 años perdido en las calles de Boston a un instrumento a través del cual el Espíritu Santo tocaba vidas de formas que nunca hubiera imaginado.

Pensó en todas las personas que había conocido a lo largo del camino. La señora del supermercado que no tenía dinero para pagar sus compras. El joven que recogía carritos en el estacionamiento. La familia en Disney cuya hija fue sanada. Roberto y Marcela, cuyo matrimonio fue restaurado. Patricia, que encontró su verdadero llamado. Carlos, liberado de la adicción. Miguel, salvado de la fuga de gas. Teresa y Daniel, reconciliados. Lucía, que aprendió la prosperidad con propósito.

Cada historia era única, pero todas compartían un hilo conductor: el poder de Dios obrando a través de un corazón obediente.

El patrón revelado

«No se trataba de mí», murmuró Ceulemans para sí mismo. Era una verdad que había aprendido repetidamente a lo largo de los años. Cada milagro, cada transformación, cada momento de intervención divina, ninguno de ellos sucedió por su propia fuerza, sabiduría o santidad.

Él era simplemente un vaso disponible. Alguien que había aprendido a reconocer la voz de Dios y había elegido obedecer, incluso cuando no tenía sentido, incluso cuando era inconveniente, incluso cuando se arriesgaba a parecer tonto.

El patrón era siempre el mismo: Dios hablaba, él obedecía, ocurrían milagros, se transformaban vidas y Dios recibía toda la gloria.

La pregunta universal

Pero mientras reflexionaba, Ceulemans sabía que la pregunta que muchos se harían era simple: «¿Cómo puedo escuchar la voz de Dios como tú la escuchas?».

Era la pregunta que le hacían constantemente. Personas que querían experimentar lo que él experimentaba, que querían ser utilizadas por Dios de la misma manera que él era utilizado.

Y su respuesta era siempre la misma: «Ya puedes. Dios habla con todos. La cuestión no es si Él está hablando, sino si estamos escuchando».

Reconocer la voz

A lo largo de los años, Ceulemans había aprendido a reconocer la voz de Dios de varias maneras:

A veces era un suave susurro en su espíritu, una impresión que no provenía de sus propios pensamientos. Otras veces era una urgencia que lo despertaba del sueño, como la noche en que fue alertado sobre la fuga de gas de Miguel.

A veces venía a través de las Escrituras, donde un pasaje que había leído docenas de veces de repente cobraba un nuevo significado para
una situación específica. Otras veces era a través de sueños o visiones, como cuando vio dónde estaría Daniel para encontrarse con su madre.

Pero el denominador común era siempre la paz. La voz de Dios traía paz, incluso cuando pedía cosas difíciles. Las voces de la duda, el miedo o el orgullo traían ansiedad y confusión.

Los principios prácticos

Para aquellos que querían desarrollar esta sensibilidad espiritual, Ceulemans siempre compartía algunos principios prácticos que había aprendido:

Primero: Cultiva el silencio. En el mundo moderno, lleno de ruido constante, Dios a menudo habla en silencio. Reserva tiempo cada día solo para sentarte en silencio, sin teléfono, sin distracciones, y simplemente estar presente con Dios.

Segundo: Conoce las Escrituras. Dios nunca dirá nada que contradiga Su palabra escrita. Cuanto más conozcas la Biblia, más fácilmente reconocerás Su voz.

Tercero: Comienza con pequeñas obediencias. Antes de que Dios te confíe grandes tareas, Él pone a prueba tu fidelidad en las pequeñas. Si sientes la impresión de animar a alguien, hacer un acto de bondad o dar algo, obedece. Estas pequeñas obediencias entrenan tu sensibilidad espiritual.

Cuarto: Espera la confirmación. Especialmente para las decisiones importantes, Dios a menudo confirma a través de múltiples fuentes: las Escrituras, las circunstancias, el sabio consejo de otros creyentes y una paz interior persistente.

Quinto: No temas equivocarte. A veces confundirás tus propios pensamientos con la voz de Dios. Eso es parte del aprendizaje. Dios es paciente con nuestros errores honestos mientras aprendemos a escucharlo.

El propósito individual

«Pero yo no soy especial como tú», le decían a menudo a Ceulemans. Y él siempre se reía.

«Yo no soy especial», respondía. «Simplemente soy obediente. Y tú también puedes serlo».

La verdad que había descubierto era revolucionaria: Dios no tiene favoritos. No reserva Su voz y Su poder solo para unos pocos «elegidos». Cada persona que nace tiene un propósito divino, un llamado único y acceso directo al Espíritu Santo.

El problema nunca era que Dios no hablara. El problema era que las personas no escuchaban, o escuchaban pero decidían no obedecer.

Tu propio suelo sagrado

«El terreno sagrado no es un lugar», solía enseñar Ceulemans. «Es un estado del ser. Es cualquier lugar donde encuentras a Dios y obedeces su voz».

Para él, habían sido las calles de Boston donde se perdió y aprendió a confiar en la guía divina. Había sido un supermercado donde ayudó a una anciana. Había sido Disney, donde una niña fue sanada.

Pero para ti, lector, tu Solo Sagrado será diferente. Puede ser tu lugar de trabajo, donde Dios te llama a mostrar integridad y

amor. Puede ser tu hogar, donde eres llamado a ser pacificador e intercesor. Puede ser una esquina donde encuentras a alguien necesitado.

El Suelo Sagrado no tiene que ver con la geografía, sino con la disponibilidad. Se trata de estar dispuesto a ser utilizado por Dios dondequiera que estés.

El desafío

Si has llegado hasta aquí en este viaje, Ceulemans tiene un desafío para ti:

Deja de leer por un momento. Cierra los ojos. Y pregúntale a Dios: «¿Para qué me creaste? ¿Cuál es mi propósito?».

No esperes una voz audible. No esperes una visión dramática. Pero presta atención a las impresiones que te vienen. A los pensamientos que persisten. A las pasiones que se agitan en tu corazón.

Dios sembró semillas de propósito en ti incluso antes de que nacieras. Puso dones, talentos, pasiones y vocaciones dentro de ti. La cuestión no es si existen, sino si estás dispuesto a descubrirlos y a caminar en ellos.

La decisión diaria

«Vivir en suelo sagrado es una decisión diaria», explicaba Ceulemans. «No es un destino al que llegas y luego te relajas. Es una elección que haces cada mañana cuando te despiertas».

La elección de escuchar en lugar de simplemente rezar. La elección de obedecer en lugar de racionalizar. La elección de confiar en lugar de controlar. La elección de dar en lugar de acumular. La elección de servir en lugar de ser servido.

Estas elecciones diarias, acumuladas a lo largo de meses y años, transforman una vida común en un extraordinario viaje de fe e impacto.

La invitación final

Mientras el sol se ponía, pintando el cielo con tonos naranjas y rosados, Ceulemans sintió que el Espíritu Santo grababa un mensaje final en su corazón, no para él, sino para ti:

«Fuiste creado para algo más que simplemente existir. Fuiste creado con un propósito divino. Hay personas a las que solo tú puedes llegar. Hay un trabajo que solo tú puedes hacer. Hay un papel que solo tú puedes desempeñar en el gran plan de Dios».

«El mundo está lleno de necesidades. Los corazones rotos necesitan sanación. Las familias divididas necesitan reconciliación. Las almas perdidas necesitan dirección. Y Dios quiere usarte, sí, a ti, para marcar la diferencia».

«No necesitas credenciales especiales. No necesitas formación teológica formal. No necesitas ser perfecto. Solo necesitas estar disponible».

La promesa

«Y aquí está la promesa», continuó Ceulemans, como si se dirigiera directamente a cada lector, «cuando le dices que sí a Dios, cuando eliges caminar en obediencia, Él se compromete a equiparte, guiarte y sostenerte».

«Nunca estarás solo. El mismo Espíritu Santo que guió a un joven inmigrante perdido en Boston está disponible para ti. El mismo poder que sanó a una niña en Disney está disponible para

ti. La misma sabiduría que restauró matrimonios y liberó a adictos está disponible para ti».

«El poder que viene de lo alto no está reservado para unos pocos elegidos. Es la herencia de todos los hijos e hijas de Dios».

El comienzo

«Esta no es la conclusión de una historia», sonrió Ceulemans, observando cómo aparecían las primeras estrellas en el cielo oscuro. «Es el comienzo de la tuya».

«Cada capítulo que has leído no solo ha tratado sobre mi viaje. Ha sido un espejo que te ha mostrado posibilidades para tu propio viaje. Cuando veas a Dios obrando en mi vida, ten por seguro que Él también desea obrar en la tuya».

«La Tierra Santa te está esperando. No en un lugar lejano al que tengas que viajar para encontrar, sino justo donde estás ahora. Tu casa puede ser la Tierra Santa. Tu trabajo puede ser la Tierra Santa. Tu barrio puede ser la Tierra Santa».

«La única pregunta es: ¿estás listo para pisarlo con fe?».

La oración final

Ceulemans cerró los ojos y oró, no solo por sí mismo, sino por cada persona que leyera estas palabras:

«Padre, por cada persona que ha llegado hasta aquí, te pido que despiertes en ellos un hambre por tu propósito. Que abras sus oídos espirituales para escuchar tu voz. Que les des valor para obedecer incluso cuando no tenga sentido».

Que descubran sus propios Suelos Sagrados, esos lugares y momentos en los que Tú te encuentras con ellos de manera personal y poderosa.

«Y que sus vidas se conviertan en testimonios vivos de Tu poder, amor y fidelidad. No para que ellos sean celebrados, sino para que Tú seas glorificado».

«Úsalos, Señor. A cada uno de ellos. Para los propósitos que solo Tú conoces. Amén».

El fin que es un comienzo

Mientras Ceulemans se levantaba para entrar en casa, sabía que la historia continuaría. No a través de él solo, sino a través de cada persona que decidiera responder al llamado de Dios.

A través de ti.

El viaje de Solo Sagrado no termina con la última página de este libro. Comienza cuando cierras el libro y eliges vivir lo que has aprendido.

Cuando eliges escuchar. Obedecer. Confiar. Dar. Servir.

Cuando eliges ser un vaso a través del cual el poder que viene de lo alto puede fluir hacia un mundo necesitado.

Tu Solo Sagrado te está esperando.

¿Qué vas a hacer?

«El final de una historia, el comienzo de tu viaje».

Visitando una iglesia

Mi esposa y yo en ese momento, ella era mi novia, su nombre era Verónica Cristina, hace 11 años, en una iglesia cristiana, muy humilde pero con la presencia del Espíritu Santo transformando, una nueva iglesia. Ella ya había visitado antes. Como estábamos comenzando nuestra relación, ella quería comenzar nuestra vida correctamente, entre los caminos de nuestras vidas con el Señor Jesucristo, no huyendo de la iglesia ni del trabajo en la iglesia. Esta pastora la conocía porque era una mujer llamada Toninha, ella fue la que predicó la palabra de Dios esa noche, una experiencia transformadora que nunca olvidaré. Las palabras que salieron de su boca fueron, hijo mío. Dios tiene un propósito para tu vida, Él te está dando las llaves del cielo para que camines en Su presencia. Él hará todo lo que tu corazón desee. Dios te quiere entero, Él está diciendo que no quiere reservas, Él te quiere completamente.

Cuando ella comenzó a hablar estas palabras, vinieron del cielo. No pude resistir, me arrodillé, y las palabras que se manifestaron en ese momento fueron impactantes. Vinieron como una flecha a mi corazón y hablaron a mi alma. Estaba moviéndome, y muchas personas fueron impactadas por la presencia de Dios, especialmente por la palabra de Dios. Este es el poder de la palabra de Dios.

Fueron impactados por la presencia de Dios. Las canciones que se cantaron estaban hablando a mi corazón, todo estaba sucediendo como si alguien hubiera contado toda mi vida a las personas. Comencé a hablar internamente, 'Dios mío, ¿cómo está pasando esto? ¿Qué pasará hasta el final de este culto?' Mis manos estaban temblando, y mi corazón acelerado, mis ojos se llenaban de lágrimas. Si miraba, las lágrimas escribían y sin darme cuenta, quien estaba a mi lado era mi novia, y ella no quería sorprenderme, pero también comenzó a llorar, y casi al final del culto, me llamó y me dijo, 'Sabía que esto era algo de Dios.' Estaba convencido de que Dios la estaba usando para transformar mi vida."

EPÍLOGO

Años más tarde, cuando la gente le preguntaba a Ceulemans cuál era su mayor legado, él siempre respondía lo mismo:

«No son las historias que conté ni las personas a las que ayudé. Mi mayor legado son aquellos que escucharon la llamada y decidieron responder. Aquellos que descubrieron que también podían escuchar la voz de Dios y ser utilizados por Él».

Porque cuando una persona encuentra su propósito y camina hacia él, toca decenas de otras vidas. Y esas personas tocan cientos. Y el impacto sigue multiplicándose hasta que el reino de Dios se expande de formas que nunca podríamos contar o medir.

«Esa es la belleza de Abrazando el Propósito Divino. No es solo mi historia. Es nuestra historia. Y la historia nunca termina realmente, solo encuentra nuevos capítulos en nuevas vidas».

FIN